KB212304

근현대 전법 선맥(傳法禪脈)

75조 경허 성우(鏡虛 惺牛) 전법선사

오도송

홀연히 콧구멍 없는 소 되라는 말끝에	忽聞人語無鼻孔
삼천계가 내 집임을 단박에 깨달았네	頓覺三千是我家
유월의 연암산을 내려가는 길에서	六月鷰岩山下路
일없는 야인이 태평가를 부르노라	野人無事太平歌

76조 만공 월면(滿空 月面) 전법선사

전법게

구름과 달, 산과 계곡이라, 곳곳에서 같음이여	雲月溪山處處同
선가의 나의 제자 수산의 큰 가풍일세	叟山禪子大家風
은근히 무문인을 그대에게 분부하니	慇懃分付無文印
이 기틀의 방편이 활안 중에 있노라	一段機權活眼中

* 제75조 경허 성우 전법선사 전함 / 제76조 만공 월면 전법선사 받음

77조 전강 영신(田岡 永信) 전법선사

전법게

불조도 전한 바 없어서	佛祖未曾傳
나 또한 얻은 바 없음을…	我亦無所得
가을빛 저물어 가는 날에	此日秋色暮
뒷산의 원숭이가 울고 있네	猿嘯在後峰

* 제76조 만공 월면 전법선사 전함 / 제77조 전강 영신 전법선사 받음

78대 농선 대원(弄禪 大圓) 전법선사

전법게

부처와 조사도 일찍이 전한 것이 아니거늘	佛祖未曾傳
나 또한 어찌 받았다 하며 준다 할 것인가	我亦何受授
이 법이 2천년대에 이르러서	此法二千年
널리 천하 사람을 제도하리라	廣度天下人

부송(付頌)

어상을 내리지 않고 이러-히 대한다 함이여	不下御床對如是
뒷날 돌아이가 구멍 없는 피리를 불리니	後日石兒吹無孔
이로부터 불법이 천하에 가득하리라	自此佛法滿天下

* 제77조 전강 영신 전법선사 전함 / 제78대 농선 대원 전법선사 받음

이 오도송과 전법게는 농선 대원 선사님께서 법리에 맞도록 새롭게 번역한 것입니다.

불조정맥 제77조 대한불교 조계종 전강 대선사님께서는, 16세에 출가하여 23세 때 첫 깨달음을 얻고 25세에 인가를 받으셨다. 당대의 7대 선지식인 만공, 혜봉, 혜월, 한암, 금봉, 보월, 용성 선사님의 인가를 한 몸에 받으셨으며, 이 중 만공 선사님께 전법계를 받아 그 뒤를 이으셨다. 당대의 선지식들이 모두 극찬할 정도로 그 법이 뛰어나서 '지혜제일 정전강'이라 불렀다.

33세의 최연소의 나이로 통도사 조실을 하셨고, 법주사, 망월사, 동화사, 범어사, 천축사, 용주사, 정각사 등 유명선원 조실을 역임하시고 인천 용화사 법보선원의 조실로 일생을 마치셨다.

1975년 1월 13일, 용화사 법보선원의 천여 명 대중 앞에서 "어떤 것이 생사대사(生死大事)인고?" 자문한 후에 "악! 구구는 번성(翻成) 팔십일이니라."라고 법문한 뒤, 눈을 감고 좌탈입망하셨다.

다비를 하던 날, 화려한 불빛이 일고 정골에서 구슬 같은 사리가 무수히 나왔다.
열반하시기까지 한결같이 공안 법문으로 최상승법을 드날리셨으니 그 투철한 깨달음과 뛰어난 법, 널리 교화하기를 그치지 않으셨던 점에 있어서 한국 근대 선종의 거목이라 일컬어지고 있다.

불조정맥 제78대 농선 대원 전법선사님
- 전강대법회에서 법문 중 할을 하시는 모습

오로지 정법만을 깨닫기 서원합니다.

입을 열면 정법만을 설하기 서원합니다.

중생이 다하는 그날까지 교화하기 서원합니다.

- 농선 대원 전법선사의 3대 서원

불교 8대 선언문

불교는 자신에게서 영생을 발견하게 한 유일한 종교이다.
불교는 자신에게서 모든 지혜를 발견하게 한 유일한 종교이다.
불교는 자신에게서 모든 능력을 발견하게 한 유일한 종교이다.
불교는 자신에게서 모든 것을 이루게 한 유일한 종교이다.
불교는 자신에게서 극락을 발견하게 한 유일한 종교이다.
불교는 깨달으면 차별 없어 평등하다는 유일한 종교이다.
불교는 모든 억압 없이 자신감을 갖게 한 유일한 종교이다.
불교는 그러므로 온 누리에 영원할 만인의 종교이다.

- 농선 대원 전법선사 주창

전세계의 불교계에서 통일시켜야 할 일

경전의 말씀대로 32상과 80종호를 갖춘 불상으로 통일해야 한다.

예불 드리는 법을 통일해야 한다.

불공의식을 통일해야 한다.

- 농선 대원 전법선사 주창

2018년 이룬절 포천정맥선원 농선 대원 선사님의 법회

대방광불화엄경
大方廣佛華嚴經

제 36 권

십지품 ③
十地品

도서출판 문젠(구, 바로보인)은 정맥선원에서 운영하고 있습니다.

* 인제산(人濟山) 성불사(成佛寺) 국제정맥선원
 경기도 포천시 내촌면 소리개길 86-178 ☎ 031-531-8805 ☎ 010-6431-8805
* 인제산(人濟山) 이룬절 포천정맥선원
 경기도 포천시 내촌면 소리개길 86-123 ☎ 031-531-2433 ☎ 010-3880-8980
* 자모산(慈母山) 육조사(六祖寺) 청도정맥선원
 경북 청도군 매전면 동산리 산 50 ☎ 010-9800-6109
* 백양산(白楊山) 자모사(慈母寺) 부산정맥선원
 부산시 동래구 아시아드대로 114번길 10 대륙코리아나 2층 212호
 ☎ 051-503-6460 ☎ 010-2951-8667
* 광암산(光巖山) 성도사(成道寺) 광주정맥선원
 광주광역시 광산구 삼도광암길 34 ☎ 062-944-4088 ☎ 010-8670-1445
* 대통산(大通山) 대통사(大通寺) 해남정맥선원
 전남 해남군 화산면 송계길 132-98 중정마을 ☎ 061-536-6366 ☎ 010-8938-2438

바로보인 불법 ㉟

화 엄 경 36권

초판 1쇄 펴낸날 단기 4352년, 불기 3046년, 서기 2019년 3월 20일

역   저 농선 대원 선사
펴 낸 곳 도서출판 문젠(Moonzen Press)
        11192,경기도 포천시 내촌면 소리개길 86-178
        전화 031-534-3373 팩스 031-533-3387
신 고 번 호 2010.11.24. 제2010-000004호

윤 문 교 정 증연 강영미
편집전자책제작 도향 하가연
표 지 그 림 현정(玄楨)
인   쇄 가람문화사

도서출판문젠 www.moonzenpress.com
정 맥 선 원 www.zenparadise.com
사막화방지국제연대(IUPD) www.iupd.org

ⓒ 문재현, 2017. Printed in Seoul, Republic of Korea
값 15,000원
ISBN 978-89-6870-036-1 04220
ISBN 978-89-6870-000-2 (전81권)

華嚴十無頌 화엄십무송

- 농선 대원 선사

無相法性常顯前
상이 없는 법성은 언제나 드러나 있고

無性諸法如谷響
성품이 없는 모든 법은 골짜기에 메아리 같도다

無外作處是自在
밖이 없이 짓는 곳을 이 자재라 하는 것이니

無非華嚴大道場
화엄 대도량 아님이 없음이로다

無窮無盡光神通
궁구할 수 없고 다함 없는 광명의 신통에서

無不出生三千界
삼천대천세계가 나오지 않음이 없도다

無碍相卽大自在
걸림이 없이 서로 즉한 대자재여

無爲之法是日常
함이 없는 법이 일상이로다

無有定法隨狀況
정한 법 없어 상황을 따름이여

無上無爲妙菩提
위 없고 함이 없는 묘보리로다

바로보인 불법 ㉟

화엄경(華嚴經) 36권

농선 대원 선사 역저

二十六 、 십지품 (十地品) ③

서 문

가없이 크고 넓어 광대함이여!
모양 없는 그 가운데 본래 갖춤
증득한 지혜인이라야 아네

남섬부주 일체의 나툼이여
본래의 갖춤에 비하자면
천만억분의 일도 안 된다네

이러-히 온통 온통함이여!
모두 갖춘 본연한 이 장엄을
'대방광불화엄'이라 하네

단기(檀紀) 4345년
불기(佛紀) 3039년

무등산인 농선 대원
(無等山人 弄禪 大圓)

∽ 81권 화엄경 권과 품

차 례

일러두기

1. 화엄경 본문을 지나치게 세밀하게 나누어 긴 주해를 싣지 않은 것은 그로 해서 원문의 흐름이 끊어지게 되지 않을까 하는 우려에서이다. 이런 까닭에 다만 수없이 장고(長考)하며 최대한 원문에 충실하게 번역하고 각권의 마지막이나 각품의 마지막에만 결문(結文)을 더하였다. 화엄경 본문이 이치적으로 더할 나위 없이 샅샅이 불화엄의 화장세계를 밝힌 것이라면 결문은 화엄경의 화장세계를 선(禪) 도리로 간략히 바로 끊어 보인 것이다. 이로써 경의 본뜻이 굴절 없이 전달되어 화엄의 세계가 독자의 세계가 되기를 바란다.

2. 요즈음 화엄경을 접한 이들이 최고의 경전이라 불리는 화엄경 첫머리부터 '신(神)'이라는 호칭으로 기록된 분들이 많은 것을 보고 의아하게 생각하는 경우가 있다. 화엄경의 첫머리인 세주묘엄품을 보면 이 '신(神)'이라는 호칭으로 기록된 분들이 불보살님의 화현이거나 보살마하살의 경지에서 행하는 분들임을 알 수 있다. 이런 까닭에 이 책에서는 '신(神)'을 '천제(天帝)'로 번역하였다. 예를 들면, '집금강신'은 '집금강천제'로 의역하였다. 천제는 그 세계를 다스리고 교화하는 분, 곧 깨달아, 삼매와 지혜와 덕과 신통과 방편과 변재를 갖추어서 다스리고 교화하는 분을 말한다.

3. 미주는 *로 표시하였다.

二十六 십지품 ③

佛子聞此廣大行
可樂深妙殊勝法
心皆勇悅大歡喜
普散衆華供養佛

演說如是妙法時
大地海水皆震動
一切天女咸歡喜
悉吐妙音同讚歎

自在天王大欣慶
雨摩尼寶供養佛
讚言佛爲我出興
演說第一功德行

4)제4 염혜지(焰慧地)*

불자들이 이 광대한 행의
즐겁고 깊으며 묘하고 수승한 법을 듣고
모두 용맹하고 기쁜 마음으로 크게 환희하여
널리 온갖 꽃을 흩뿌려서 부처님께 공양 올리네

이와 같은 묘한 법을 널리 펴 설할 때에
대지와 바닷물이 다 진동하고
일체의 천녀가 모두 환희하여
묘한 음성을 내어 함께 찬탄하네

자재천왕은 크게 기뻐하고 경축하여
마니보배를 비 내리듯 하고 부처님께 공양 올리며
찬탄하여 말하기를 부처님께서 나를 위해 출현하여
제일의 공덕행을 널리 펴 설하시네

如是智者諸地義
於百千劫甚難得
我今忽然而得聞
菩薩勝行妙法音

願更演說聰慧者
後地決定無餘道
利益一切諸天人
此諸佛子皆樂聞

勇猛大心解脫月
請金剛藏言佛子
從此轉入第四地
所有行相願宣說

이와 같은 지혜로운 이의 모든 지위의 뜻은
백천 겁에도 심히 얻기 어렵거늘
내가 이제 홀연히
보살의 뛰어난 행의 묘한 법음을 듣네

다시 지혜로운 이께서
결단코 다음 지위의 남음이 없는 도를 널리 펴 설하여
일체 모든 천인을 이익 되게 하소서
이 모든 불자가 다 즐거이 듣기를 원합니다

용맹하고 큰마음의 해탈월보살이
금강장보살에게 청하여 말하기를
불자여 여기서 제4지로 옮겨 들어가는
모든 행상을 널리 펴 설하소서

爾時 金剛藏菩薩 告解脫月菩薩言 佛子 菩薩摩訶薩 第
三地 善淸淨已 欲入第四焰慧地 當修行十法明門 何等
爲十 所謂觀察衆生界 觀察法界 觀察世界 觀察虛空界
觀察識界 觀察欲界 觀察色界 觀察無色界 觀察廣心信
解界 觀察大心信解界 菩薩 以此十法明門 得入第四焰慧
地 佛子 菩薩 住此焰慧地 則能以十種智成熟法故 得彼
內法 生如來家

이때 금강장보살이 해탈월보살에게 말하였다.

"불자여, 보살마하살이 제3지를 잘 청정하게 하고나서 제4 염혜지에 들어가고자 한다면 열 가지 법에 밝은 문을 닦아 행해야 합니다.

어떤 것을 열 가지라 합니까? 중생계를 관찰하고, 법계를 관찰하며, 세계를 관찰하고, 허공계를 관찰하며, 식계를 관찰하고, 욕계를 관찰하며, 색계를 관찰하고, 무색계를 관찰하며, 넓은 마음으로 믿고 깨닫는 경계를 관찰하고, 큰마음으로 믿고 깨닫는 경계를 관찰하니, 보살이 이 열 가지 법에 밝은 문으로 제4 염혜지에 들어갑니다.

불자여, 보살이 이 염혜지에 머물면 곧 열 가지 지혜로써 법이 성숙하는 까닭으로 저 내법(內法)*을 얻어서 여래의 가문에 태어납니다.

何等 爲十 所謂深心不退故 於三寶中 生淨信 畢竟不壞
故 觀諸行生滅故 觀諸法自性無生故 觀世間成壞故 觀因
業有生故 觀生死涅槃故 觀衆生國土業故 觀前際後際故
觀無所有盡故 是爲十 佛子 菩薩 住此第四地 觀內身 循
身觀 勤勇念知 除世間貪憂 觀外身 循身觀 勤勇念知 除
世間貪憂 觀內外身 循身觀 勤勇念知 除世間貪憂

어떤 것을 열 가지라 합니까? 깊은 마음이 물러나지 않는 까닭이고, 삼보 가운데 깨끗한 믿음을 내어 끝내 무너지지 않는 까닭이며, 모든 행이 나고 멸함을 관하는 까닭이고, 모든 법의 자성이 남〔生〕이 없음을 관하는 까닭이며, 세간이 이루어지고 무너지는 것을 관하는 까닭이고, 업으로 인하여 나는 것을 관하는 까닭이며, 생사와 열반을 관하는 까닭이고, 중생의 국토의 업을 관하는 까닭이며, 과거와 미래를 관하는 까닭이고, 다함이 없음을 관하는 까닭이니, 이것을 열 가지라 합니다.

불자여, 보살이 이 제4지에 머물러 안의 몸을 순신관(循身觀)*으로 관하되 부지런히 용맹하게 생각하고 알아서 세간의 탐욕과 근심을 없애고, 밖의 몸을 순신관으로 관하되 부지런히 용맹하게 생각하고 알아서 세간의 탐욕과 근심을 없애며, 안과 밖의 몸을 순신관으로 관하되 부지런히 용맹하게 생각하고 알아서 세간의 탐욕과 근심을 없앱니다.

如是觀內受外受內外受 循受觀 觀內心外心內外心 循心
觀 觀內法外法內外法 循法觀 勤勇念知 除世間貪憂 復
次此菩薩 未生諸惡不善法 爲不生故 欲生 勤精進 發心
正斷 已生諸惡不善法 爲斷故 欲生 勤精進 發心正斷 未
生諸善法 爲生故 欲生 勤精進 發心正行 已生諸善法 爲
住不失故 修令增廣故 欲生 勤精進 發心正行

이와 같이 안으로 받는 것과 밖으로 받는 것과 안과 밖으로 받는 것을 순수관(循受觀)*으로 관하고, 안의 마음과 밖의 마음과 안과 밖의 마음을 순심관(循心觀)*으로 관하며, 안의 법과 밖의 법과 안과 밖의 법을 순법관(循法觀)*으로 관하되 부지런히 용맹하게 생각하고 알아서 세간의 탐욕과 근심을 없앱니다.

　다시 이 보살이 아직 생기지 않은 모든 악하고 착하지 않은 법은 생기지 않게 하기 위한 까닭으로 부지런히 정진하여 마음을 발해서 생기려고 하는 것을 바르게 끊고, 이미 생긴 모든 악하고 착하지 않은 법은 끊기 위한 까닭으로 부지런히 정진하여 마음을 발해서 생기려고 하는 것을 바르게 끊으며, 아직 생기지 않은 모든 착한 법은 생기게 하기 위한 까닭으로 부지런히 정진하여 마음을 발해서 생기려고 하는 것을 바르게 행하고, 이미 생긴 모든 착한 법은 머물러 잃지 않으며 닦아서 더 넓게 하기 위한 까닭으로 부지런히 정진하여 마음을 발해서 생기려고 하는 것을 바르게 행합니다.

復次此菩薩 修行欲定 斷行 成就神足 依止厭 依止離 依
止滅 廻向於捨 修行精進定 心定 觀定 斷行 成就神足
依止厭 依止離 依止滅 廻向於捨 復次此菩薩 修行信根
依止厭 依止離 依止滅 廻向於捨 修行精進根 念根 定
根 慧根 依止厭 依止離 依止滅 廻向於捨

다시 이 보살이 욕정(欲定)*으로 끊는 행을 닦고 행하
되 신족을 성취하여서 싫어함에 의지하고 여읨에 의지
하며 멸함에 의지한 것을 버림으로 회향합니다.

　정진정(精進定)*과 심정(心定)*과 관정(觀定)*으로
끊는 행을 닦고 행하되 신족을 성취하여서 싫어함에 의
지하고 여읨에 의지하며 멸함에 의지한 것을 버림으로
회향합니다.

　다시 이 보살이 믿음의 근(根)을 닦고 행하되 싫어함
에 의지하고 여읨에 의지하며 멸함에 의지한 것을 버림
으로 회향합니다.

　정진의 근과 생각의 근과 선정의 근과 지혜의 근을 닦
고 행하되 싫어함에 의지하고 여읨에 의지하며 멸함에
의지한 것을 버림으로 회향합니다.

復次此菩薩 修行信力 依止厭 依止離 依止滅 廻向於捨
修行精進力 念力 定力 慧力 依止厭 依止離 依止滅 廻
向於捨 復次此菩薩 修行念覺分 依止厭 依止離 依止滅
廻向於捨 修行擇法覺分 精進覺分 喜覺分 猗覺分 定覺
分 捨覺分 依止厭 依止離 依止滅 廻向於捨

다시 이 보살이 믿음의 힘을 닦고 행하되 싫어함에 의지하고 여읨에 의지하며 멸함에 의지한 것을 버림으로 회향합니다.

정진의 힘과 생각의 힘과 선정의 힘과 지혜의 힘을 닦고 행하되 싫어함에 의지하고 여읨에 의지하며 멸함에 의지한 것을 버림으로 회향합니다.

다시 이 보살이 염각분(念覺分)*을 닦고 행하되 싫어함에 의지하고 여읨에 의지하며 멸함에 의지한 것을 버림으로 회향합니다.

택법각분(擇法覺分)*과 정진각분(精進覺分)*과 희각분(喜覺分)*과 의각분(猗覺分)*과 정각분(定覺分)*과 사각분(捨覺分)*을 닦고 행하되 싫어함에 의지하고 여읨에 의지하며 멸함에 의지한 것을 버림으로 회향합니다.

復次此菩薩 修行正見 依止厭 依止離 依止滅 廻向於捨
修行正思惟 正語 正業 正命 正精進 正念 正定 依止厭
依止離 依止滅 廻向於捨 菩薩 修行如是功德 爲不捨一
切衆生故 本願所持故 大悲爲首故 大慈成就故 思念一
切智智故 成就莊嚴佛土故 成就如來力無所畏 不共佛法
相好音聲 悉具足故 求於上上殊勝道故 隨順所聞甚深佛
解脫故 思惟大智善巧方便故

다시 이 보살이 바른 견해를 닦고 행하되 싫어함에 의지하고 여읨에 의지하며 멸함에 의지한 것을 버림으로 회향합니다.

　바른 사유와 바른 말과 바른 업과 바른 목숨과 바른 정진과 바른 생각과 바른 선정을 닦고 행하되 싫어함에 의지하고 여읨에 의지하며 멸함에 의지한 것을 버림으로 회향합니다.

　보살이 이와 같은 공덕을 닦아 행하는 것은 일체 중생을 버리지 않는 까닭이고, 본래의 서원을 지니는 까닭이며, 대비를 으뜸으로 하는 까닭이고, 대자를 성취하는 까닭이며, 일체지의 지혜를 생각하는 까닭이고, 불토를 장엄하여 성취하는 까닭이며, 여래의 십력과 사무외와 불공불법을 성취하여 상호와 음성을 모두 구족하는 까닭이고, 가장 높고 수승한 도를 구하는 까닭이며, 매우 깊은 부처님의 해탈을 들은 대로 수순하는 까닭이고, 큰 지혜로 공교한 방편을 사유하는 까닭입니다.

佛子 菩薩 住此焰慧地 所有身見爲首 我人衆生壽命 蘊
界處 所起執着 出沒思惟 觀察 治故 我所故 財物故 着
處故 於如是等 一切皆離 此菩薩 若見業 是如來所訶 煩
惱所染 皆悉捨離 若見業 是順菩薩道 如來所讚 皆悉修
行 佛子 此菩薩 隨所起方便慧 修習於道 及助道分 如是
而得潤澤心 柔軟心 調順心 利益安樂心 無雜染心 求上
上勝法心 求殊勝智慧心

불자여, 보살이 이 염혜지에 머물러 자기 몸이라는 소견〔身見〕을 으뜸으로 삼아 아상과 인상과 중생상과 수자상과 오온과 십팔계와 십이처로 비롯된 바를 집착하여 나타나고 사라지는 것을 사유하고 관찰하여서 다스리는 까닭이고, 나의 곳인 까닭이며, 재물인 까닭이고, 처소에 집착하는 까닭으로 이와 같은 등의 일체를 모두 여읩니다.

이 보살은 만약 업이 여래의 꾸짖으신 바이고 번뇌에 물든 것임을 보면 다 여의어 버리고, 만약 업이 보살의 도를 따르고 여래의 찬탄하신 것임을 보면 다 닦아 행합니다.

불자여, 이 보살이 일으킨 방편과 지혜를 따라서 도와 도를 돕는 분을 닦아 익히니, 이와 같이 윤택한 마음과 유연한 마음과 조복하고 따르는 마음과 이익 되고 안락한 마음과 잡되고 물들지 않는 마음과 가장 높고 뛰어난 법을 구하는 마음과 수승한 지혜를 구하는 마음과

救一切世間心 恭敬尊德無違敎命心 隨所聞法皆善修行
心 此菩薩 知恩 知報恩 心極和善 同住安樂 質直 柔軟
無稠林行 無有我慢 善受敎誨 得說者意 此菩薩 如是忍
成就 如是調柔成就 如是寂滅成就 如是忍調柔寂滅成就
淨治後地業 作意修行時 得不休息精進 不雜染精進 不
退轉精進 廣大精進 無邊精進 熾然精進 無等等精進 無
能壞精進 成熟一切衆生精進 善分別道非道精進

일체 세간을 구제하는 마음과 높은 덕을 공경하고 가르치는 명을 어기지 않는 마음과 들은 법을 따라 모두 잘 닦아 행하는 마음을 얻습니다.

이 보살이 은혜를 알고 은혜를 갚을 줄 알며, 마음이 극히 온화하고 착하여 안락함에 함께 머무르며, 정직하고 유연하여 빽빽한 번뇌의 숲에 덮인 행이 없으며, 아만이 없고 가르침을 잘 받아들여서 설하는 이의 뜻을 얻습니다.

이 보살이 이와 같이 참음을 성취하고, 이와 같이 조화로움을 성취하며, 이와 같이 적멸함을 성취하고, 이와 같이 참음과 조화로움과 적멸함을 성취하여 다음 지위의 업을 깨끗이 다스리고 뜻을 일으켜 닦아 행할 때에, 쉬지 않는 정진과 잡되게 물들지 않는 정진과 퇴전하지 않는 정진과 광대한 정진과 끝없는 정진과 치연한 정진과 비할 바 없는 정진과 무너뜨릴 수 없는 정진과 일체 중생을 성숙되게 하는 정진과 도와 도 아님을 잘 분별하는 정진을 얻습니다.

是菩薩 心界淸淨 深心不失 悟解明利 善根增長 離世垢
濁 斷諸疑惑 明斷具足 喜樂充滿 佛親護念 無量志樂 皆
悉成就 佛子 菩薩 住此焰慧地 以願力故 得見多佛 所謂
見多百佛 見多千佛 見多百千佛 乃至見多百千億那由他佛
皆恭敬尊重 承事供養 衣服臥具 飮食湯藥 一切資生 悉
以奉施 亦以供養一切衆僧 以此善根 皆悉廻向阿耨多羅
三藐三菩提 於彼佛所 恭敬聽法 聞已受持 具足修行

이 보살이 마음의 경계가 청정하여서 깊은 마음을 잃지 않고 깨달아 아는 것이 밝고 예리하여 선근을 더욱 더하고, 세간의 더러운 때를 여의어 모든 의혹을 끊고 명확하게 판단함을 구족하여 즐거움이 충만하며, 부처님께서 친히 호념하시어 한량없는 뜻의 즐거움을 모두 성취합니다.

불자여, 보살이 이 염혜지에 머물러 원력으로 수많은 부처님을 친견하니, 수백 부처님을 친견하고, 수천 부처님을 친견하며, 수백천 부처님을 친견하고, 더 나아가서 수백천억 나유타 수의 부처님을 친견합니다.

모두 공경하고 존중하여 받들어 모시고 공양 올리니, 의복과 와구와 음식과 탕약과 일체 생활에 필요한 물건을 다 받들어 보시하고, 또한 일체 대중 스님에게 공양을 올리며 이 선근으로 모두 아뇩다라삼먁삼보리에 회향합니다.

저 부처님의 처소에서 공경히 법을 듣고는 받아 지녀 닦아 행하여 구족합니다.

復於彼諸佛法中 出家修道 又更修治 深心信解 經無量
百千億那由他劫 令諸善根 轉復明淨 佛子 譬如金師 鍊
治眞金 作莊嚴具 餘所有金 皆不能及 菩薩摩訶薩 亦復
如是 住於此地所有善根 下地善根 所不能及 如摩尼寶淸
淨光輪 能放光明 非諸餘寶之所能及 風雨等緣 悉不能
壞 菩薩摩訶薩 亦復如是 住於此地 下地菩薩 所不能及
衆魔煩惱 悉不能壞

또한 저 모든 불법 가운데 출가하여 도를 닦으니 깊은
마음으로 믿어 알아서 더욱 닦아 다스려 한량없는 백천
억 나유타 수의 겁을 지나서 모든 선근을 더욱 밝고 청
정하게 합니다.

불자여, 비유하면 금을 제련하는 사람이 진금을 단련
하여 장엄구를 만들면 다른 금으로는 미치지 못하는 것
과 같이, 보살마하살도 또한 이와 같아서 이 지위에 머
물러 있는 선근은 아래 지위의 선근으로는 미치지 못합
니다.

마치 마니보배의 청정한 광명바퀴가 놓는 광명은 모든
다른 보배로는 미칠 바가 아니어서 바람과 비 등의 인연
으로는 다 무너뜨릴 수 없는 것과 같이, 보살마하살도
또한 다시 이와 같아서 이 지위에 머물면 아래 지위의
보살들은 미칠 수 없으며 온갖 마와 번뇌로는 다 무너뜨
릴 수 없습니다.

此菩薩 於四攝中 同事 偏多 十波羅蜜中 精進 偏多 餘非
不修 但隨力隨分 佛子 是名略說菩薩摩訶薩 第四焰慧地
菩薩 住此地 多作須夜摩天王 以善方便 能除衆生 身見
等惑 令住正見 布施愛語利行同事 如是一切諸所作業 皆
不離念佛 不離念法 不離念僧 乃至不離念具足一切種
一切智智

이 보살이 사섭법 가운데 동사가 치우치게 많고, 십바라밀 가운데 정진이 치우치게 많으니, 나머지를 닦지 않는 것은 아니지만 다만 힘을 따르고 분을 따릅니다.

불자여, 이것을 보살마하살의 제4 염혜지를 간략히 설한 것이라 이름하니, 보살이 이 지위에 머물러 흔히 수야마천왕이 되어 훌륭한 방편으로 중생들의 자기 몸이라는 소견 등의 미혹을 없애어 바른 견해에 머물게 합니다.

보시와 애어와 이행과 동사, 이와 같이 일체 모든 짓는 업은 다 부처님을 생각하는 것을 여의지 않고, 법을 생각하는 것을 여의지 않으며, 스님을 생각하는 것을 여의지 않고, 더 나아가서 일체종과 일체지의 지혜를 구족하려는 생각을 여의지 않는 것입니다.

復作是念 我當於一切衆生中 爲首 爲勝 爲殊勝 爲妙 爲
微妙 爲上 爲無上 乃至爲一切智智依止者 是菩薩 若發
勤精進 於一念頃 得入億數三昧 得見億數佛 得知億數佛
神力 能動億數世界 乃至能示現億數身 一一身 億數菩薩
以爲眷屬 若以菩薩殊勝願力 自在示現 過於此數 百劫千
劫 乃至百千億那由他劫 不能數知

또 이런 생각을 하기를 '내가 일체 중생 가운데 으뜸이 되고, 뛰어남이 되며, 수승함이 되고, 묘함이 되며, 미묘함이 되고, 위가 되며, 위 없음이 되고, 더 나아가서 일체지의 지혜에 의지하는 이가 되리라.'라고 합니다.

이 보살이 만약 부지런히 정진하면 온통인 생각으로 억 수 삼매에 들어가고, 억 수 부처님을 친견하며, 억 수 부처님의 위신력을 알고, 억 수 세계를 움직이며, 더 나아가서 억 수 몸을 나타내 보이고, 낱낱의 몸에 억 수 보살을 권속으로 삼습니다.

만약 보살의 수승한 원력으로 자재하게 나타내 보이면, 이 수를 지나서 백 겁과 천 겁과 더 나아가서 백천 억 나유타 수의 겁 동안 세어도 알 수 없습니다."

爾時 金剛藏菩薩 欲重宣其義 而說頌言

菩薩已淨第三地
次觀衆生世法界
空界識界及三界
心解悉了能趣入

始登焰地增勢力
生如來家永不退
於佛法僧信不壞
觀法無常無有起

이때 금강장보살이 그 뜻을 거듭 펴고자 게송으로 말
하였다.

　　보살이 제3지를 청정히 하고 나서
　　이어서 중생계와 세계와 법계와
　　허공계와 식계와 삼계를 관하고
　　마음으로 깨달아 모두 밝게 들어가네

　　비로소 염혜지에 오르니 세력이 더하여
　　여래의 가문에 태어나 영원히 물러나지 않고
　　부처님과 법과 스님에 대한 신심이 무너지지 않으며
　　법의 항상함이 없음과 일어남이 없음을 관하네

觀世成壞業有生
生死涅槃刹等業
觀前後際亦觀盡
如是修行生佛家

得是法已增慈愍
轉更勤修四念處
身受心法內外觀
世間貪愛皆除遣

菩薩修治四勤行
惡法除滅善增長
神足根力悉善修
七覺八道亦如是

세간이 이루어지고 무너지는 것과 업으로 나는 것과
생사와 열반과 세계 등의 업을 관하고
과거와 미래를 관하며 또한 다함까지 관하여서
이와 같이 닦고 행하여 부처님의 가문에 태어나네

이 법을 얻고 나서는 사랑하여 불쌍히 여김을 더하고
더욱더 사념처*를 부지런히 닦으니
몸과 받는 것과 마음과 법의 안과 밖을 관하여서
세간의 탐심과 애욕을 모두 없애네

보살이 사정근의 행을 닦아 다스려서
악한 법은 멸하여 없애고 착함을 더욱 더하여
사신족과 오근과 오력을 다 잘 닦으며
칠각분*과 팔정도도 또한 이와 같이 하네

爲度衆生修彼行
本願所護慈悲首
求一切智及佛土
亦念如來十種力

四無所畏不共法
殊特相好深美音
亦求妙道解脫處
及大方便修行彼

身見爲首六十二
我及我所無量種
蘊界處等諸取着
此四地中一切離

중생을 제도하기 위해 저 행을 닦으니
본래의 서원을 수호하고 자비를 으뜸으로 하여
일체 지혜와 불토를 구하고
또한 여래의 십력을 생각하네

사무외와 불공불법과
특별하게 뛰어난 상호와 깊고 아름다운 음성과
또한 묘한 도와 해탈처와
큰 방편을 구하기 위하여 저러한 행을 닦네

자기 몸이라는 소견을 으뜸으로 삼아서 육십이견*과
나와 나의 곳의 한량없는 종류와
오온과 십팔계와 십이처 등의 모든 취하여 집착하는 것
제4지 가운데 일체를 여의네

如來所訶煩惱行
以無義利皆除斷
智者修行清淨業
爲度衆生無不作

菩薩勤修不懈怠
卽得十心皆具足
專求佛道無厭倦
志期受職度衆生

恭敬尊德修行法
知恩易誨無慍暴
捨慢離諂心調柔
轉更精勤不退轉

여래께서 꾸짖으신 번뇌의 행은
뜻의 이로움이 없으므로 모두 끊어 없애고
지혜로운 이가 닦아 행하는 청정한 업은
중생을 제도하기 위함이므로 짓지 않음이 없네

보살이 게으르지 아니하고 부지런히 닦으면
곧 열 가지 마음을 충분히 다 갖추어 얻고
오로지 불도를 구함에 게으르거나 싫어함이 없어서
뜻에 알맞는 직분을 받아 중생을 제도하네

높은 덕을 공경함으로 법을 닦아 행하고
은혜를 알아 가르침에 기뻐하여 성냄과 사나움이 없으며
아만을 버리고 아첨함을 여의니 마음이 부드러워
더욱더 부지런히 정진하여 퇴전하지 않네

菩薩住此焰慧地
其心淸淨永不失
悟解決定善增長
疑網垢濁悉皆離

此地菩薩人中勝
供那由他無量佛
聽聞正法亦出家
不可沮壞如眞金

菩薩住此具功德
以智方便修行道
不爲衆魔心退轉
譬如妙寶無能壞

보살이 이 염혜지에 머물러
그 마음의 청정함을 영원히 잃지 않고
결정한 깨달음과 앎으로 착함이 더욱 더하여서
의혹의 그물과 더러운 때를 모두 다 여의네

이 지위의 보살이 인간 가운데 뛰어나
나유타 무량 수의 부처님께 공양 올리고
정법을 듣고 또한 출가하니
무너뜨릴 수 없음이 마치 진금과 같네

보살이 이 지위에 머물러 공덕을 갖추고
지혜와 방편으로 도를 닦아 행하여
온갖 마군에게 마음이 퇴전하지 않으니
비유하면 묘한 보배를 무너뜨릴 수 없음과 같네

住此多作焰天王
於法自在衆所尊
普化群生除惡見
專求佛智修善業

菩薩勤加精進力
獲三昧等皆億數
若以願智力所爲
過於此數無能知

如是菩薩第四地
所行淸淨微妙道
功德義智共相應
我爲佛子已宣說

이에 머물러 흔히 염천왕이 되어서
법에 자재하여 대중이 존중하고
중생들을 널리 교화하여 나쁜 견해를 없애주며
오로지 부처님의 지혜를 구하여 착한 업을 닦네

보살이 부지런히 정진하는 힘을 더하니
삼매 등을 얻음이 모두 억 수이고
만약 서원과 지혜의 힘으로 행하면
이 수를 지나서 알 수가 없네

이와 같은 보살 제4지의
행하는 바의 청정하고 미묘한 도가
공덕과 뜻과 지혜와 함께 상응함을
내가 불자들을 위하여 널리 펴 설하였네

菩薩聞此勝地行
於法解悟心歡喜
空中雨華讚歎言
善哉大士金剛藏

自在天王與天衆
聞法踊躍住虛空
普放種種妙光雲
供養如來喜充遍

天諸婇女奏天樂
亦以言辭歌讚佛
悉以菩薩威神故
於彼聲中發是言

5)제5 난승지(難勝地)*

보살이 이 수승한 지위의 행을 듣고
법을 깨달아 마음이 환희하여서
허공 가운데 꽃을 비 내리듯 하고 찬탄하여 말하기를
훌륭하십니다 금강장보살이여

자재천왕은 하늘의 대중과 더불어
법을 듣고 허공에서 머물러 뛸 뜻이 기뻐하며
널리 갖가지의 묘한 광명 구름을 놓아서
여래께 공양 올리니 기쁨이 두루 가득하네

모든 채녀가 천상의 음악을 연주하고
또한 말로써 부처님을 찬탄하여 노래하니
다 보살들의 위신력인 까닭으로
저 소리 가운데 이런 말을 하기를

佛願久遠今乃滿
佛道久遠今乃得
釋迦文佛至天宮
利天人者久乃見

大海久遠今始動
佛光久遠今乃放
衆生久遠始安樂
大悲音聲久乃聞

功德彼岸皆已到
憍慢黑闇皆已滅
最極清淨如虛空
不染世法猶蓮華

아득히 오래된 부처님의 서원이 비로소 원만하고
아득히 오래된 부처님의 도를 비로소 얻으며
석가모니 부처님께서 천궁에 이르시니
천인을 이롭게 하는 분을 오랜만에 뵙네

아득히 오래된 큰바다를 이제야 비로소 움직이고
아득히 오래된 부처님 광명을 비로소 놓으며
아득히 오래된 중생들을 비로소 안락하게 하는
큰 자비의 음성을 오랜만에 듣네

공덕의 피안에 모두 이미 이르렀고
교만의 어두움을 이미 다 멸하였으니
가장 지극한 청정함이 허공과 같고
세간의 법에 물들지 않음이 마치 연꽃과 같네

大牟尼尊現於世
譬如須彌出巨海
供養能盡一切苦
供養必得諸佛智
此應供處供無等
是故歡心供養佛

如是無量諸天女
發此言辭稱讚已
一切恭敬喜充滿
瞻仰如來默然住

是時大士解脫月
復請無畏金剛藏
第五地中諸行相
唯願佛子爲宣說

대모니 세존께서 세상에 출현하심은
비유하면 수미산이 큰 바다에서 나온 듯하여
공양 올려 일체의 괴로움이 다 없어지고
공양 올려 반드시 모든 부처님의 지혜를 얻으니
이 부처님〔應供〕 처소에 공양 올리는 것은 비할 데가 없어
이런 까닭에 기쁜 마음으로 부처님께 공양 올리네

이와 같이 한량없는 모든 천녀가
이런 말로 찬탄하고 나서는
일체가 공경과 기쁨으로 가득하여
여래를 우러러 보면서 묵연히 머무르네

이때 해탈월보살이
다시 두려움 없으신 금강장보살에게 청하니
제5지 가운데 모든 행상을
오직 원하건대 불자께서 널리 펴 설하소서

爾時 金剛藏菩薩 告解脫月菩薩言 佛子 菩薩摩訶薩 第
四地所行道 善圓滿已 欲入第五難勝地 當以十種平等清
淨心趣入 何等 爲十 所謂於過去佛法 平等清淨心 未來
佛法 平等清淨心 現在佛法 平等清淨心 戒平等清淨心
心平等清淨心 除見疑悔平等 清淨心 道非道智平等清淨
心 修行智見平等清淨心 於一切菩提分法 上上觀察平等
清淨心 教化一切衆生平等清淨心 菩薩摩訶薩 以此十種
平等清淨心 得入菩薩第五地

이때 금강장보살이 해탈월보살에게 말하였다.

"불자여, 보살마하살이 제4지에서 행할 도를 잘 원만하게 하고 나서 제5 난승지에 들고자 한다면 열 가지 평등하여 청정한 마음으로 들어가야 합니다.

어떤 것을 열 가지라 합니까? 과거의 불법에 평등하여 청정한 마음과 미래의 불법에 평등하여 청정한 마음과 현재의 불법에 평등하여 청정한 마음과 계율에 평등하여 청정한 마음과 마음에 평등하여 청정한 마음과 의심과 뉘우침의 견해를 없애는데 평등하여 청정한 마음과 도와 도 아닌 지혜가 평등하여 청정한 마음과 수행하는 지혜의 견해가 평등하여 청정한 마음과 일체 보리분법을 가장 높이 관찰함에 평등하여 청정한 마음과 일체 중생을 교화함에 평등하여 청정한 마음이니, 보살마하살이 이 열 가지의 평등하여 청정한 마음으로 보살의 제5지에 들어갑니다.

佛子 菩薩摩訶薩 住此第五地已 以善修菩提分法故 善淨
深心故 復轉求上勝道故 隨順眞如故 願力所持故 於一
切衆生 慈愍不捨故 積集福智助道故 精勤修習不息故 出
生善巧方便故 觀察照明上上地故 受如來護念故 念智力
所持故 得不退轉心 佛子 此菩薩摩訶薩 如實知此是苦
聖諦 此是苦集聖諦 此是苦滅聖諦 此是苦滅道聖諦

불자여, 보살마하살이 이 제 5지에 머물러서는 보리분법을 잘 닦는 까닭이고, 깊은 마음을 잘 깨끗이 하는 까닭이며, 높고 수승한 도를 더욱 구하는 까닭이고, 진여를 수순하는 까닭이며, 원력을 지니는 까닭이고, 일체 중생을 사랑하여 불쌍히 여겨 버리지 않는 까닭이며, 복과 지혜로 도를 돕는 법을 모으는 까닭이고, 부지런히 닦아 익히기를 쉬지 않는 까닭이며, 공교로운 방편을 내는 까닭이고, 가장 높은 지위를 관찰하여 밝게 비추는 까닭이며, 여래의 호념하심을 받는 까닭이고, 지혜롭게 생각하는 힘을 가진 까닭으로 퇴전하지 않는 마음을 얻습니다.

불자여, 이 보살마하살이 이것이 괴로움에 대한 성스러운 진리〔苦聖諦〕이고, 이것이 괴로움이 모이는 것에 대한 성스러운 진리〔苦集聖諦〕이며, 이것이 괴로움의 소멸에 대한 성스러운 진리〔苦滅聖諦〕이고, 이것이 괴로움의 소멸에 이르는 길에 대한 성스러운 진리〔苦滅道聖諦〕임을 여실하게 아니,

善知俗諦 善知第一義諦 善知相諦 善知差別諦 善知成立
諦 善知事諦 善知生諦 善知盡無生諦 善知入道智諦 善
知一切菩薩地次第成就諦 乃至善知如來智成就諦 此菩
薩 隨衆生心樂 令歡喜故 知俗諦 通達一實相故 知第一
義諦 覺法自相共相故 知相諦 了諸法分位差別故 知差別
諦 善分別蘊界處故 知成立諦 覺身心苦惱故 知事諦 覺
諸趣生相續故 知生諦

세속의 진리를 잘 알고, 제일가는 뜻의 진리를 잘 알며, 상(相)의 진리를 잘 알고, 차별의 진리를 잘 알며, 성립의 진리를 잘 알고, 사물의 진리를 잘 알며, 남〔生〕의 진리를 잘 알고, 다하여 남이 없는 진리를 잘 알며, 도에 들어가는 지혜의 진리를 잘 알고, 일체 보살의 지위를 차례로 성취하는 진리를 잘 알며, 더 나아가서 여래의 지혜를 성취하는 진리를 잘 압니다.

이 보살이 중생들의 마음의 즐거움을 따라서 환희하게 하는 까닭으로 세속의 진리를 알고, 온통인 실다운 상을 통달한 까닭으로 제일가는 뜻의 진리를 알며, 법 자체의 상〔自相〕과 공통된 상〔共相〕을 아는 까닭으로 상의 진리를 알고, 모든 법의 나누어진 지위의 차별을 아는 까닭으로 차별의 진리를 알며, 오온과 십팔계와 십이처를 잘 분별하는 까닭으로 성립의 진리를 알고, 몸과 마음의 괴로움을 아는 까닭으로 사물의 진리를 알며, 모든 취의 중생이 서로 이어져 계속됨을 아는 까닭으로 남의 진리를 알고,

一切熱惱 畢竟滅故 知盡無生智諦 出生無二故 知入道智
諦 正覺一切行相故 善知一切菩薩地次第相續成就 乃至
如來智成就諦 以信解智力 知 非以究竟智力 知 佛子 此
菩薩摩訶薩 得如是諸諦智已 如實知一切有爲法 虛妄詐
僞 誑惑愚夫 菩薩 爾時 於諸衆生 轉增大悲 生大慈光
明 佛子 此菩薩摩訶薩 得如是智力 不捨一切衆生 常求
佛智 如實觀一切有爲行 前際後際

일체 뜨거운 번뇌가 끝내 멸하는 까닭으로 다하여 남이 없는 지혜의 진리를 알며, 둘이 없는 데서 출생하는 까닭으로 도에 들어가는 지혜의 진리를 알고, 일체 행상을 바르게 깨닫는 까닭으로 일체 보살의 지위가 차례로 서로 이어져 계속됨을 성취하는 것과 더 나아가서 여래의 지혜를 성취하는 진리를 잘 아는 것은 믿어 아는 지혜의 힘으로 아는 것이지 구경의 지혜의 힘으로 아는 것이 아닙니다.

불자여, 이 보살마하살이 이와 같은 모든 진리의 지혜를 얻고 나서 일체 유위법이 허망하고 거짓되어 어리석은 사람을 속이는 줄을 여실히 아니, 보살이 이때에 모든 중생에게 대비를 더욱 더하여 대자의 광명을 냅니다.

불자여, 이 보살마하살이 이와 같은 지혜의 힘을 얻어서 일체 중생을 버리지 않고 항상 부처님 지혜를 구하여 일체 유위의 행의 과거와 미래를 여실히 관합니다.

知從前際無明有愛故 生 生死流轉 於諸蘊宅 不能動出
增長苦聚 無我無壽者 無養育者 無更數取後趣身者 離
我我所 如前際 後際 亦如是 皆無所有 虛妄貪着 斷盡出
離 若有若無 皆如實知 佛子 此菩薩摩訶薩 復作是念 此
諸凡夫 愚癡無智 甚爲可愍 有無數身 已滅今滅當滅

과거의 무명으로부터 애착이 있는 까닭으로 남이 있게
되고, 생사에 헤매다가 모든 오온의 집에서 나오지 못하
고 괴로움의 무더기가 더욱 더함을 아니, 나라는 것도
없고 수자라는 것도 없으며, 길러주는 이라는 것도 없고
다시 내생의 몸을 자주 받는 이라는 것도 없어 나와 나
의 곳이라는 것도 여읩니다.
　과거와 같이 미래도 또한 이와 같아서 모두 있는 바가
없습니다.
　허망함에 탐착한 것을 모두 끊어서 벗어나게 되면 있
다는 것과 없다는 것을 모두 여실히 압니다.
　불자여, 이 보살마하살이 다시 이런 생각을 하기를
'이 모든 범부가 어리석고 지혜가 없으니 매우 불쌍하
구나. 무수한 몸이 이미 멸하였고, 지금도 멸하며, 장차
멸할 것이다.

如是盡滅 不能於身 而生厭想 轉更增長機關苦事 隨生死
流 不能還返 於諸蘊宅 不求出離 不知憂畏四大毒蛇 不
能拔出諸慢見箭 不能息滅貪恚癡火 不能破壞無明黑暗
不能乾竭愛欲大海 不求十力大聖導師 入魔 意稠林 於生
死海中 爲覺觀波濤之所漂溺 佛子 此菩薩摩訶薩 復作是
念 此諸衆生 受如是苦 孤窮困迫 無救無依 無洲無舍 無
導無目 無明覆翳 黑暗纏裏

이와 같이 다 멸하거늘, 몸에 대하여 싫은 생각은 내지 못하고 다시 기관(機關)*의 괴로운 일을 더욱 더하여 생사의 흐름을 따르니 능히 돌아오지 못하고, 모든 오온의 집에서 벗어나기를 구하지 않으며, 사대라는 독사를 두려워 할 줄을 모르고, 모든 거만한 소견의 화살을 뽑아내지 못하며, 탐냄과 성냄과 어리석음의 불을 소멸하지 못하고, 무명의 어두움을 파괴하지 못하며, 애욕의 큰 바다를 말려 없애지 못하고, 십력의 큰 성인인 도사를 구하지 않으며, 마군의 뜻인 빽빽한 번뇌의 숲에 들어가 생사의 바다 가운데 각관하는 파도에 빠져 떠다니는구나.'라고 합니다.

불자여, 이 보살마하살이 다시 이런 생각을 하기를 '이 모든 중생이 이와 같은 괴로움을 받아서 외롭고 곤궁하여 구원함도 없고 의지할 데도 없으며, 섬도 없고 집도 없으며, 이끌어 줌도 없고 눈[目]도 없어서 무명으로 덮이고 가려져 흑암에 얽혀 있구나.

我今爲彼一切衆生 修行福智助道之法 獨一發心 不求伴
侶 以是功德 令諸衆生 畢竟淸淨 乃至獲得如來十力無礙
智慧 佛子 此菩薩摩訶薩 以如是智慧觀察 所修善根 皆
爲救護一切衆生 利益一切衆生 安樂一切衆生 哀愍一切
衆生 成就一切衆生 解脫一切衆生 攝受一切衆生 令一
切衆生 離諸苦惱 令一切衆生 普得淸淨 令一切衆生 悉
皆調伏 令一切衆生 入般涅槃

내가 이제 저 일체 중생을 위하여 복과 지혜로 도를 돕는 법을 닦아 행하고 홀로 마음을 발하여 벗을 구하지 않으니, 이 공덕으로 모든 중생으로 하여금 마침내 청정하게 하고 더 나아가서 여래의 십력과 걸림 없는 지혜를 얻게 하리라.'라고 합니다.

불자여, 이 보살마하살이 이와 같은 지혜로 관찰하여 닦는 선근으로 일체 중생을 구호하고, 일체 중생을 이익 되게 하며, 일체 중생을 안락하게 하고, 일체 중생을 불쌍히 여기며, 일체 중생을 성취하게 하고, 일체 중생을 해탈하게 하며, 일체 중생을 거두어 주고, 일체 중생으로 하여금 모든 괴로움을 여의게 하며, 일체 중생으로 하여금 널리 청정함을 얻게 하고, 일체 중생으로 하여금 모두 조복하게 하며, 일체 중생으로 하여금 반열반에 들어가게 합니다.

佛子 菩薩摩訶薩 住此第五難勝地 名爲念者 不忘諸法
故 名爲智者 能善決了故 名爲有趣者 知經意趣次第連合
故 名爲慚愧者 自護護他故 名爲堅固者 不捨戒行故 名爲
覺者 能觀是處非處故 名爲隨智者 不隨於他故 名爲隨慧
者 善知義非義句差別故 名爲神通者 善修禪定故 名爲方
便善巧者 能隨世行故 名爲無厭足者 善集福德故 名爲不
休息者

불자여, 보살마하살이 이 제5 난승지에 머물면, 생각하는 이라 이름하니 모든 법을 잊지 않는 까닭이고, 지혜로운 이라 이름하니 결단하여 아는 까닭이며, 취(趣)가 있는 이라 이름하니 경의 내용을 알아서 차례로 연합하는 까닭이고, 부끄러워하는 이라 이름하니 자신도 보호하고 다른 이도 보호하는 까닭이며, 견고한 이라 이름하니 계행을 버리지 않는 까닭이고, 깨달은 이라 이름하니 시처와 비처를 관하는 까닭이며, 지(智)*를 따르는 이라 이름하니 다른 것을 따르지 않는 까닭이고, 혜(慧)*를 따르는 이라 이름하니 뜻과 뜻 아닌 글귀의 차별을 잘 아는 까닭이며, 신통이 있는 이라 이름하니 선정을 잘 닦는 까닭이고, 공교한 방편이 있는 이라 이름하니 세간의 행을 따르는 까닭이며, 싫증냄이 없는 이라 이름하니 복덕을 잘 모으는 까닭이고, 쉬지 않는 이라 이름하니

常求智慧故 名爲不疲倦者 集大慈悲故 名爲爲他勤修者
欲令一切衆生 入涅槃故 名爲勤求不懈者 求如來力無畏
不共法故 名爲發意能行者 成就莊嚴佛土故 名爲勤修種
種善業者 能具足相好故 名爲常勤修習者 求莊嚴佛身語
意故 名爲大尊重恭敬法者 於一切菩薩法師處 如敎而行
故 名爲心無障礙者 以大方便 常行世間故 名爲日夜遠離
餘心者 常樂敎化一切衆生故

항상 지혜를 구하는 까닭이며, 피로해 하거나 게으름이 없는 이라 이름하니 대자비를 모으는 까닭이고, 다른 이를 위하여 부지런히 닦는 이라 이름하니 일체 중생으로 하여금 열반에 들어가게 하는 까닭이며, 부지런히 구하여 게으르지 않은 이라 이름하니 여래의 십력과 사무외와 불공불법을 구하는 까닭이고, 뜻을 발하여 행하는 이라 이름하니 불토를 장엄하여 성취하는 까닭이며, 갖가지 착한 업을 부지런히 닦는 이라 이름하니 상호를 구족하는 까닭이고, 항상 부지런히 닦아 익히는 이라 이름하니 부처님의 몸과 말과 뜻을 장엄하기를 구하는 까닭이며, 크게 법을 존중하여 공경하는 이라 이름하니 일체 보살과 법사의 처소에서 가르침과 같이 행하는 까닭이고, 마음에 장애가 없는 이라 이름하니 큰 방편으로 항상 세간에서 행하는 까닭이며, 밤낮으로 다른 마음을 멀리 여의는 이라 이름하니 항상 일체 중생을 교화하기를 좋아하는 까닭입니다.

佛子 菩薩摩訶薩 如是勤修行時 以布施 敎化衆生 以愛
語利行同事 敎化衆生 示現色身 敎化衆生 演說諸法 敎
化衆生 開示菩薩行 敎化衆生 顯示如來大威力 敎化衆
生 示生死過患 敎化衆生 稱讚如來智慧利益 敎化衆生
現大神通力 敎化衆生 以種種方便行 敎化衆生 佛子 此
菩薩摩訶薩 能如是勤方便 敎化衆生 心恒相續 趣佛智
慧 所作善根 無有退轉 常勤修學殊勝行法

불자여, 보살마하살이 이와 같이 부지런히 닦아 행할 때에 보시로써 중생을 교화하고, 애어와 이행과 동사로써 중생을 교화하며, 색신을 나타내 보여 중생을 교화하고, 모든 법을 널리 펴 설하여 중생을 교화하며, 보살의 행을 열어 보여 중생을 교화하고, 여래의 큰 위력을 나타내 보여 중생을 교화하며, 생사의 허물과 근심을 나타내 보여 중생을 교화하고, 여래의 지혜와 이익을 찬탄하여 중생을 교화하며, 큰 신통력을 나타내어 중생을 교화하고, 갖가지 방편행으로써 중생을 교화합니다.

불자여, 이 보살마하살이 이와 같이 방편으로 부지런히 중생을 교화하여 마음이 항상 서로 이어져서 부처님의 지혜에 나아가니, 선근을 지음에 퇴전하지 않으며 항상 부지런히 수승한 행법을 닦고 배웁니다.

佛子 此菩薩摩訶薩 爲利益衆生故 世間技藝 靡不該習
所謂文字算數 圖書印璽 地水火風 種種諸論 咸所通達
又善方藥 療治諸病 癲狂乾痟 鬼魅蠱毒 悉能除斷 文筆
讚詠 歌舞妓樂 戲笑談說 悉善其事 國城村邑 宮宅園苑
泉流陂池 草樹花藥 凡所布列 咸得其宜 金銀摩尼 眞珠
琉璃 螺貝璧玉 珊瑚等藏 悉知其處 出以示人 日月星宿
鳥鳴地震 夜夢吉凶 身相休咎 咸善觀察 一無錯謬

불자여, 이 보살마하살이 중생을 이익 되게 하기 위한 까닭으로 세간의 기예를 익히지 않음이 없으니, 문자와 산수와 그림과 글과 인장과 땅과 물과 불과 바람과 갖가지 모든 이론를 다 통달하고, 또 처방문과 약을 잘 알아서 모든 병을 고치되 정신병과 소갈병과 귀신 들림과 해충의 독을 다 끊어 없애며, 문장과 시와 노래와 춤과 기악과 웃으며 이야기 나누는 그 일들까지도 모두 잘하고, 나라의 도성, 촌과 읍, 궁전과 가옥과 정원, 흐르는 샘과 연못, 풀과 나무와 꽃과 약초를 줄지어 가꾸어서 다 그 편의를 얻으며, 금과 은과 마니, 진주와 유리, 소라와 벽옥, 산호 등이 매장된 곳을 모두 알아서 파내어 사람들에게 보여주고, 해와 달과 별, 새의 울음과 지진, 밤에 꾸는 꿈의 길흉, 신상의 좋고 나쁨까지도 모두 잘 관찰하여 하나라도 착오가 없으며,

持戒入禪 神通無量 四無色等 及餘一切世間之事 但於衆
生 不爲損惱 爲利益故 咸悉開示 漸令安住無上佛法 佛
子 菩薩 住是難勝地 以願力故 得見多佛 所謂見多百佛
見多千佛 見多百千佛 乃至見多百千億那由他佛 悉皆恭
敬尊重 承事供養 衣服飮食 臥具湯藥 一切資生 悉以奉
施 亦以供養一切衆僧 以此善根 廻向阿耨多羅三藐三菩
提 於諸佛所 恭敬聽法 聞已受持 隨力修行

계를 지니고 선정에 들며 신통과 사무량심과 사무색정
등과 그 밖에 일체 세간의 일을 다만 중생에게 손해되거
나 괴롭게 하지 않고 이익 되게 하기 위한 까닭으로 모
두 열어 보여서 차츰 위 없는 불법에 편안히 머물게 하
고자 합니다.

불자여, 보살이 이 난승지에 머물러 원력으로 수많은
부처님을 친견하니, 수백 부처님을 친견하고, 수천 부처
님을 친견하며, 수백천 부처님을 친견하고, 더 나아가서
수백천억 나유타 수의 부처님을 친견합니다.

모두 다 공경하고 존중하여 받들어 모시고 공양 올리
니, 의복과 음식과 와구와 탕약과 일체 생활에 필요한
물건을 다 받들어 보시하고, 또한 일체 대중 스님에게
공양 올려서 이 선근으로 아뇩다라삼먁삼보리에 회향합
니다.

모든 부처님 처소에서 공경히 법을 듣고, 듣고 나서는
받아 지니며 힘을 따라 닦아 행합니다.

復於彼諸佛法中 而得出家 旣出家已 又更聞法 得陀羅
尼 爲聞持法師 住此地中 經於百劫 經於千劫 乃至無量
百千億那由他劫 所有善根 轉更明淨 佛子 譬如眞金 以硨
磲磨瑩 轉更明淨 此地菩薩 所有善根 亦復如是 以方便
慧 思惟觀察 轉更明淨 佛子 菩薩 住此難勝地 以方便智
成就功德 下地善根 所不能及 佛子 如日月星宿宮殿光明
風力所持 不可沮壞 亦非餘風 所能傾動 此地菩薩 所有
善根 亦復如是 以方便智

다시 저 모든 불법 가운데 출가하고, 출가하고 나서는 또 다시 법을 듣고 다라니를 얻어서 듣고 지니는 법사가 됩니다.

이 지위 가운데 머물러 백 겁을 지나고 천 겁과 더 나아가서 한량없는 백천억 나유타 수의 겁을 지나면서 모든 선근이 더욱더 밝고 깨끗해집니다.

불자여, 비유하면 진금을 자거로써 연마하면 더욱더 밝고 깨끗해지듯이 이 지위의 보살의 모든 선근도 또한 다시 이와 같아서 방편과 지혜로 사유하고 관찰하면 더욱더 밝고 깨끗해집니다.

불자여, 보살이 이 난승지에 머물러 방편과 지혜로써 성취한 공덕은 아래 지위의 선근으로는 미치지 못합니다.

불자여, 마치 해와 달과 별들의 궁전의 광명은 바람의 힘으로 지속되는 것이어서 무너뜨리지 못하고, 또한 다른 바람으로는 움직일 수 없는 것과 같이, 이 지위의 보살의 모든 선근도 또한 다시 이와 같아서 방편과 지혜를

隨逐觀察 不可沮壞 亦非一切聲聞獨覺世間善根 所能傾
動 此菩薩 十波羅蜜中 禪波羅蜜 偏多 餘非不修 但隨力
隨分 佛子 是名略說菩薩摩訶薩 第五難勝地 菩薩 住此
地 多作兜率陀天王 於諸衆生 所作自在 摧伏一切外道邪
見 能令衆生 住實諦中 布施愛語利行同事 如是一切諸所
作業 皆不離念佛 不離念法 不離念僧 乃至不離念具足一
切種 一切智智

따라 관찰하므로 무너뜨리지 못하며, 또한 일체 성문과 독각과 세간의 선근으로는 움직일 수 없습니다.

이 보살이 십바라밀 가운데 선정바라밀이 치우쳐 많으니, 나머지를 닦지 않는 것은 아니지만 다만 힘을 따르고 분을 따릅니다.

불자여, 이것을 보살마하살의 제5 난승지를 간략하게 설한 것이라 이름합니다.

보살이 이 지위에 머물러 흔히 도솔타천의 왕이 되고 모든 중생에게 짓는 바를 자재하여 일체 외도의 삿된 견해를 꺾어 조복시키고, 중생들로 하여금 실다운 진리에 머물게 합니다.

보시와 애어와 이행과 동사, 이와 같이 일체 모든 짓는 업은 다 부처님을 생각하는 것을 여의지 않고, 법을 생각하는 것을 여의지 않으며, 스님을 생각하는 것을 여의지 않고, 더 나아가서 일체종과 일체지의 지혜를 구족하려는 생각을 여의지 않는 것입니다.

復作是念 我當於衆生中 爲首 爲勝 爲殊勝 爲妙 爲微妙
爲上 爲無上 乃至爲一切智智依止者 此菩薩 若發勤精進
於一念頃 得千億三昧 見千億佛 知千億佛神力 能動千億
佛世界 乃至示現千億身 一一身 示千億菩薩 以爲眷屬
若以菩薩殊勝願力 自在示現 過於此數 百劫千劫 乃至
百千億那由他劫 不能數知

또 이런 생각을 하기를 '내가 중생 가운데 으뜸이 되고, 뛰어남이 되며, 수승함이 되고, 묘함이 되며, 미묘함이 되고, 위가 되며, 위 없음이 되고, 더 나아가서 일체지의 지혜에 의지하는 이가 되리라.'라고 합니다.

이 보살이 만약 부지런히 정진을 발하면 온통인 생각으로 천억 삼매를 얻고, 천억 부처님을 친견하며, 천억 부처님의 위신력을 알고, 천억 부처님의 세계를 움직이며, 더 나아가서 천억 몸을 나타내 보이고, 낱낱의 몸에 천억 보살을 보여 권속으로 삼습니다.

만약 보살의 수승한 원력으로 자재하게 나타내 보이면 이 수를 지나서 백 겁과 천 겁과 더 나아가서 백천억 나유타 수의 겁 동안 세어도 알 수 없습니다."

爾時 金剛藏菩薩 欲重宣其義 而說頌曰

菩薩四地已淸淨
思惟三世佛平等
戒心除疑道非道
如是觀察入五地

念處爲弓根利箭
正勤爲馬神足車
五力堅鎧破怨敵
勇健不退入五地

이때 금강장보살이 그 뜻을 거듭 펴고자 게송으로 말
하였다.

보살의 제4지가 이미 청정하니
삼세 부처님의 평등함과
계와 마음과 의심을 없앰과 도와 도 아닌 것을 사유해서
이와 같은 관찰로 제5지에 들어가네

사념처는 활이 되고 오근은 예리한 화살이 되며
사정근은 말이 되고 사신족은 수레가 되어
오력의 견고한 갑옷으로 도적을 무너뜨리고
용맹하게 물러나지 않아서 제5지에 들어가네

慚愧爲衣覺分鬘

淨戒爲香禪塗香

智慧方便妙莊嚴

入總持林三昧苑

如意爲足正念頸

慈悲爲眼智慧牙

人中獅子無我吼

破煩惱怨入五地

菩薩住此第五地

轉修勝上淸淨道

志求佛法不退轉

思念慈悲無厭倦

부끄러움은 옷이 되고 칠각분은 화만이 되며
청정한 계는 향이 되고 선정은 바르는 향이 되며
지혜와 방편으로 묘하게 장엄하여
다라니의 숲과 삼매의 동산에 들어가네

사여의*는 발이 되고 정념은 목이 되며
자비는 눈이 되고 지혜는 치아가 되며
인간 가운데 사자가 무아의 사자후로
번뇌의 원수를 무너뜨리고 제5지에 들어가네

보살이 이 제5지에 머물러
매우 높고 청정한 도를 더욱 닦아서
불법을 구하는 뜻에 퇴전함이 없고
자비를 생각하여 싫어하거나 게으름이 없네

積集福智勝功德
精勤方便觀上地
佛力所加具念慧
了知四諦皆如實

善知世諦勝義諦
相諦差別成立諦
事諦生盡及道諦
乃至如來無礙諦

如是觀諦雖微妙
未得無礙勝解脫
以此能生大功德
是故超過世智慧

복과 지혜로 수승한 공덕을 모아
부지런함과 방편과 높은 지위를 관하고
부처님의 힘을 입으며 지혜로운 생각을 갖추어서
사성제가 모두 여실함을 분명히 아네

세속의 진리와 수승한 뜻의 진리와
상의 진리와 차별과 성립의 진리와
사물의 진리와 남과 다함과 도의 진리와
더 나아가서 여래의 걸림 없는 진리까지도 잘 아네

이와 같은 진리를 관함이 비록 미묘하다 하더라도
아직은 걸림 없는 수승한 해탈을 얻지 못하니
이로써 큰 공덕을 내어
세간의 지혜를 뛰어넘네

旣觀諦已知有爲
體性虛僞無堅實
得佛慈愍光明分
爲利衆生求佛智

觀諸有爲先後際
無明黑闇愛纏縛
流轉迤廻苦聚中
無我無人無壽命

愛取爲因受來苦
欲求邊際不可得
迷妄漂流無返期
此等可愍我應度

진리를 관하고 나서 유위법이라는 것이
성품의 몸이 허망하고 거짓되어 견실하지 못함을 알아
부처님께서 사랑하여 불쌍히 여기는 광명분을 얻어
중생을 이익 되게 하기 위해 부처님의 지혜를 구하네

모든 유위의 법은 과거와 미래에
무명의 어둠과 애욕에 얽히고 묶여
괴로움의 무더기 가운데 헤매면서 윤회함을 관하니
나라는 것도 없고 인도 없고 수자도 없네

애욕을 취함이 인(因)이 되어 다가오는 괴로움을 받고
끝을 구하고자 하나 얻을 수 없으며
미망으로 떠돌아 돌아올 기약이 없으니
이들을 불쌍히 여겨 내가 마땅히 제도하리라

蘊宅界蛇諸見箭
心火猛熾癡闇重
愛河漂轉不暇觀
苦海淪湑闕明導

如是知已勤精進
所作皆爲度衆生
名爲有念有慧者
乃至覺解方便者

習行福智無厭足
恭敬多聞不疲倦
國土相好皆莊嚴
如是一切爲衆生

오온의 집과 십팔계의 독사와 모든 소견의 화살로
마음의 불이 맹렬히 타고 어리석음의 어둠이 더해지며
애욕의 강에 휩쓸려 돌아볼 겨를이 없고
괴로움의 바다에 빠지지만 밝은 인도자마저 없네

이와 같이 알고 나서는 부지런히 정진하니
하는 일이 다 중생을 제도하기 위함이라
생각이 있는 이와 지혜가 있는 이와
더 나아가서 깨달은 이와 방편이 있는 이라 이름하네

복과 지혜를 익혀 행하되 싫증냄이 없고
공경하여 많이 듣되 피로해 하거나 싫증내지 않으며
국토와 상호를 모두 장엄하니
이와 같은 일체가 중생을 위함이네

爲欲敎化諸世間
善知書數印等法
亦復善解諸方藥
療治衆病悉令愈

文詞歌舞皆巧妙
宮宅園池悉安隱
寶藏非一咸示人
利益無量衆生故

日月星宿地震動
乃至身相亦觀察
四禪無色及神通
爲益世間皆顯示

모든 세간을 교화하고자 하여
글과 수와 인장 등의 법을 잘 알고
또한 모든 처방문과 약을 잘 알아서
온갖 병을 치료하여 다 낫게 하네

글 짓고 노래하고 춤추는 것이 모두 공교로우며
집과 정원과 연못이 모두 편안하고
창고의 보배 하나라도 빠짐없이 사람들에게 내보이니
한량없는 중생을 이익 되게 하는 까닭이네

해와 달과 별과 땅의 진동과
더 나아가서 신상 또한 관찰하고
사선정과 사무색정과 신통을
세간을 이익 되게 하기 위해 모두 나타내 보이네

智者住此難勝地
供那由佛亦聽法
如以妙寶磨眞金
所有善根轉明淨

譬如星宿在虛空
風力所持無損動
亦如蓮華不着水
如是大士行於世

住此多作兜率王
能摧異道諸邪見
所修諸善爲佛智
願得十力救衆生

지혜로운 이가 이 난승지에 머물러
나유타 수의 부처님께 공양 올리고 또한 법을 들으니
마치 묘한 보배로 진금을 연마하듯
모든 선근이 더 밝고 깨끗해지네

비유하면 허공에 있는 별이
바람의 힘으로 지속되고 움직일 수 없듯이
또한 연꽃에 물이 묻지 않듯이
보살[大士]이 이와 같이 세간에서 행하네

이 지위에 머물면 흔히 도솔천왕이 되어
다른 도의 모든 삿된 견해를 꺾고
부처님의 지혜를 위하여 모든 선근을 닦으며
십력을 얻어서 중생을 구제하기를 서원하네

彼復修行大精進
即時供養千億佛
得定動刹亦復然
願力所作過於是

如是第五難勝地
人中最上眞實道
我以種種方便力
爲諸佛子宣說竟

보살이 다시 큰 정진을 닦아 행하는
때에 천억 부처님께 공양 올려
얻은 선정과 세계를 진동함이 또한 다시 그러하나
원력으로 짓는 바는 이를 지나네

이와 같은 제5 난승지의
인간 가운데 최상인 참답고 실다운 도를
내가 갖가지 방편의 힘으로
모든 불자를 위하여 널리 펴 설하여 마쳤네

농선 대원 선사 결문

농선 대원 선사 결문(決文)

문: 제5 난승지의 실체를 요약하여 보여주십시오.

답: 타락을 모르는 견고하고 자비한 수행자니라.

문: 어찌해야 그렇게 되겠습니까?

답: 춤추는 나뭇가지가 누설하는구나.

∽ 미주

* 관정(觀定) : ⇒사여의를 참조.
* 기관(機關) : 제자를 지도하기 위한 스승의 수단과 방법. 단계를 베풀어 깨닫는 경지에 인도하는 관문.
* 난승지(難勝地) : 보살 52계위 가운데 십지 중 제5지. 끊기 어려운 미세한 번뇌를 소멸시켜 불법을 성취하여 그 누구에게도 지지 않을 만큼 견고한 경지를 얻게 되는 지위.
* 내법(內法) : 불법과 불법의 가르침에 대하여 말한 것, 또는 이치에 따라 나타나는 법.
* 심정(心定) : ⇒사여의를 참조.
* 사각분(捨覺分) : ⇒칠각분을 참조.
* 사념처(四念處) : 삼십칠조도품 중 첫 번째 수행의 도. 신·수·심·법의 네 가지를 관하는 수행법을 말한다. 지혜를 염하고 지녀 반연 가운데 산란하지 않게 하기 때문에 념처라고 부른다. 이를 관할 때 차례로 자세히 관하되 각각 세 가지 삿된 행인 안, 밖, 안팎의 12가지를 관하여 바른 행에 있게 되어 궁극에 바른 선정을 얻게 된다. 사념처관(四念處觀)이라고도 한다. ① 순신관(循身觀) - 모든 몸에 대한 탐욕과 근심을 다스리기 위해 몸의 깨끗함과 더러움을 차례로 연상하여 그 부정(不淨)함을 관하는 법. ② 순수관(循受觀) - 모든 느낌에 대한 탐욕

과 근심을 다스리기 위해 느낌의 즐거움과 괴로움을 차례로 연상하여 그 괴로움[不樂]을 관하는 법. ③ 순심관(循心觀) - 모든 마음에 대한 탐욕과 근심을 다스리기 위해 변화하는 마음의 발생과 소멸을 차례로 연상하여 그 무상(無常)함을 관하는 법. ④ 순법관(循法觀) - 모든 법에 대한 탐욕과 근심을 다스리기 위해 법이 원인과 조건에 의해 성립됨을 차례로 연상하여 그 무아(無我)를 관하는 법.

* 사여의(四如意) : 삼십칠조도품 중 세 번째 수행의 도이다. 여의(如意)는 뜻대로 자유자재한다는 뜻으로 이를 구족하기 위해 닦는 선정의 네 가지 수단을 말한다. 사여의분(四如意分)·사신족(四神足)이라고도 한다. ① 욕정(欲定) - 신통을 얻고자 하는 원으로 닦는 선정. ② 정진정(精進定) - 얻기 위한 노력으로 닦는 선정. ③ 심정(心定) - 마음으로 닦는 선정. ④ 관정(觀定) - 관하고 사유하는 지혜로 닦는 선정으로, 사유신족(思惟神足), 사유여의족(思惟如意足)이라고도 한다.

* 순법관(循法觀) : ⇒사념처를 참조.

* 순수관(循受觀) : ⇒사념처를 참조.

* 순신관(循身觀) : ⇒사념처를 참조.

* 순심관(循心觀) : ⇒사념처를 참조.

* 염각분(念覺分) : ⇒칠각분을 참조.

* 염혜지(焰慧地) : 보살 52계위 가운데 십지 중 제4지. 수행으로 생긴 공덕의 힘과 지혜의 광명으로 모든 번뇌와 망상을 태워 없앨 수 있는 지위.

* 욕정(欲定) : ⇒사여의를 참조.

* 육십이견(六十二見) : 외도의 모든 견해를 62종으로 분류한 것. 과거의 시간을 관찰하여 나와 세간이 영원하다는 견해를 일으키는 상견(常見)의 18종과 미래의 시간을 관찰하여 나와 세간이 영원히 소멸된다는 단견(斷見)의 44종를 합쳐 62종이 된다. 육십이(六十二), 육십이제견(六十二諸見), 육십이견취(六十二見趣)라고도 한다.

* 의각분(猗覺分) : ⇒칠각분을 참조.

* 정각분(定覺分) : ⇒칠각분을 참조.

* 정진각분(精進覺分) : ⇒칠각분을 참조.

* 정진정(精進定) : ⇒사여의를 참조.

* 지(智) : 모든 사리의 옳고 그름, 삿됨과 바름을 분별하여 결단하는 마음의 작용. 속제(俗諦)를 아는 것을 말한다.

* 칠각분(七覺分) : 삼십칠조도품 중 여섯 번째 수행의 도. 지혜로서 참됨과 거짓, 착함과 악함을 분별하는 일곱 가지 방법을 이르는 말이다. 만일 마음이 혼침하면 택법각분·정진각분·희각분으로 마음을 일깨우고, 마음이 들떠서 흔들리면 제

각분·사각분·정각분으로 마음을 고요하게 한다. 칠각분(七覺分), 칠각의(七覺意), 칠등각지(七等覺支), 칠보리분(七菩提分), 칠편각지(七遍覺支)이라고도 한다. ① 염각분(念覺分) - 불도를 수행함에 있어서 잘 생각하여 정(定)과 혜(慧)를 고르게 하는 것. ② 택법각분(擇法覺分) - 지혜로 모든 법을 살펴서 선한 것은 골라내고 악한 것은 버리는 참된 법을 간택하는 것. ③ 정진각분(精進覺分) - 정은 부잡(不雜), 진은 무간(無間)의 뜻으로 여러 가지 수행을 할 때에 쓸데없는 고행은 그만두고 바른 도에 전력하여 게으르지 않는 것. ④ 희각분(喜覺分) - 환희심으로 진리를 즐겨 구하는 것으로 참된 법을 얻어서 기뻐하는 것. ⑤ 의각분(猗覺分) - 그릇된 모든 견해와 번뇌를 끊어 버림으로써 참되고 거짓됨을 알아서 올바른 선근을 기르는 것. 제각분(除覺分)라고도 한다. ⑥ 정각분(定覺分) - 정은 선정으로, 선정에 들었을 때 번뇌 망상을 일으키지 않는 것. ⑦ 사각분(捨覺分) - 사는 사리(捨離)의 뜻이며, 바깥 경계에 집착하던 마음을 여읠 때 거짓되고 참되지 못한 것을 기억하는 마음을 버리는 것.

* 택법각분(擇法覺分) : ⇒칠각분을 참조.
* 혜(慧) : 모든 사리의 차별에 대해 분별이 끊어진 데에서 간택하는 마음의 작용. 제일의(第一義)를 아는 것을 말한다.

* 희각분(喜覺分) : ⇒칠각분을 참조.

불조정맥

불조정맥(佛祖正脈)

🌸 인 도

교조 석가모니불 (教祖 釋迦牟尼佛)

 1조 마하가섭 (摩訶迦葉)

 2조 아난다 (阿難陀)

 3조 상나화수 (商那和脩)

 4조 우바국다 (優波鞠多)

 5조 제다가 (堤多迦)

 6조 미차가 (彌遮迦)

 7조 바수밀 (婆須密)

 8조 불타난제 (佛陀難堤)

 9조 복타밀다 (伏馱密多)

10조 파율습박(협) (波栗濕縛, 脇)

11조 부나야사 (富那夜奢)

12조 아나보리(마명) (阿那菩堤, 馬鳴)

13조 가비마라 (迦毗摩羅)

14조 나가르주나(용수) (那閼羅樹那, 龍樹)

15조 가나제바 (迦那堤波)

16조 라후라타 (羅睺羅陀)

17조 승가난제 (僧伽難提)

18조 가야사다 (迦耶舍多)

19조 구마라다 (鳩摩羅多)

20조 사야다 (闍夜多)

21조 바수반두 (婆修盤頭)

22조 마노라 (摩拏羅)

23조 학륵나 (鶴勒那)

24조 사자보리 (師子菩堤)

25조 바사사다 (婆舍斯多)

26조 불여밀다 (不如密多)

27조 반야다라 (般若多羅)

28조 보리달마 (菩堤達磨)

🪷 중 국

29조 신광 혜가 (2 조 神光 慧可)

30조 감지 승찬 (3 조 鑑智 僧璨)

31조 대의 도신 (4 조 大醫 道信)

32조 대만 홍인 (5 조 大滿 弘忍)

33조 대감 혜능 (6 조 大鑑 慧能)

34조 남악 회양 (7 조 南嶽 懷讓)

35조 마조 도일 (8 조 馬祖 道一)

36조 백장 회해 (9 조 百丈 懷海)

37조 황벽 희운 (10조 黃檗 希雲)

38조 임제 의현 (11조 臨濟 義玄)

39조 흥화 존장 (12조 興化 存奬)

40조 남원 혜옹 (13조 南院 慧顒)

41조 풍혈 연소 (14조 風穴 延沼)

42조 수산 성념 (15조 首山 省念)

43조 분양 선소 (16조 汾陽 善昭)

44조 자명 초원 (17조 慈明 楚圓)

45조 양기 방회 (18조 楊岐 方會)

46조 백운 수단 (19조 白雲 守端)

47조 오조 법연 (20조 五祖 法演)

48조 원오 극근 (21조 圓悟 克勤)

49조 호구 소륭 (22조 虎丘 紹隆)

50조 응암 담화 (23조 應庵 曇華)

51조 밀암 함걸 (24조 密庵 咸傑)

52조 파암 조선 (25조 破庵 祖先)

53조 무준 사범 (26조 無準 師範)

54조 설암 혜랑 (27조 雪岩 慧郞)

55조 급암 종신 (28조 及庵 宗信)

56조 석옥 청공 (29조 石屋 淸珙)

🪷 한 국

57조 태고 보우 (1 조 太古 普愚)

58조 환암 혼수 (2 조 幻庵 混脩)

59조 구곡 각운 (3 조 龜谷 覺雲)

60조 벽계 정심 (4 조 碧溪 淨心)

61조 벽송 지엄 (5 조 碧松 智儼)

62조 부용 영관 (6 조 芙蓉 靈觀)

63조 청허 휴정 (7 조 淸虛 休靜)

64조 편양 언기 (8 조 鞭羊 彦機)

65조 풍담 의심 (9 조 楓潭 義諶)

66조 월담 설제 (10조 月潭 雪霽)

67조 환성 지안 (11조 喚醒 志安)

68조 호암 체정 (12조 虎巖 體淨)

69조 청봉 거안 (13조 靑峰 巨岸)

70조 율봉 청고 (14조 栗峰 靑杲)

71조 금허 법첨 (15조 錦虛 法沾)

72조 용암 혜언 (16조 龍巖 慧言)

73조 영월 봉율 (17조 詠月 奉律)

74조 만화 보선 (18조 萬化 普善)

75조 경허 성우 (19조 鏡虛 惺牛)

76조 만공 월면 (20조 滿空 月面)

77조 전강 영신 (21조 田岡 永信)

78대 농선 대원 (22대 弄禪 大圓)

농선 대원 선사님
인가 내력

농선 대원 선사님 인가 내력

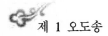

제 1 오도송

이 몸을 끄는 놈 이 무슨 물건인가?
골똘히 생각한 지 서너 해 되던 때에
쉬이하고 불어온 솔바람 한 소리에
홀연히 대장부의 큰 일을 마치었네

무엇이 하늘이고 무엇이 땅이런가
이 몸이 청정하여 이러-히 가없어라
안팎 중간 없는 데서 이러-히 응하니
취하고 버림이란 애당초 없다네

하루 온종일 시간이 다하도록
헤아리고 분별한 그 모든 생각들이

옛 부처 나기 전의 오묘한 소식임을
듣고서 의심 않고 믿을 이 누구인가!

此身運轉是何物
疑端汨沒三夏來
松頭吹風其一聲
忽然大事一時了

何謂靑天何謂地
當體淸淨無邊外
無內外中應如是
小分取捨全然無

一日於十有二時
悉皆思量之分別
古佛未生前消息
聞者卽信不疑誰

　농선 대원 선사님의 스승이신 불조정맥 제77조 조계종(曹溪宗) 전
강(田岡) 대선사님께서 1962년 대구 동화사의 조실로 계실 당시 농
선 대원 선사님께서도 동화사에 함께 머무르고 계셨다.
　하루는, 전강 대선사님께서 대원 선사님의 3연으로 되어 있는 제
1오도송을 들어 깨달은 바는 분명하나 대개 오도송은 짧게 짓는다

고 말씀하셨다. 이에 대원 선사님께서는 제1오도송을 읊은 뒤, 도
솔암을 떠나 김제들을 지나다가 석양의 해와 달을 보고 문득 읊었
던 제2오도송을 일러드렸다.

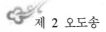 제 2 오도송

해는 서산 달은 동산 덩실하게 얹혀 있고
김제의 평야에는 가을빛이 가득하네
대천이란 이름자도 서지를 못하는데
석양의 마을길엔 사람들 오고 가네

日月兩嶺載同模
金提平野滿秋色
不立大千之名字
夕陽道路人去來

　제2오도송을 들으신 전강 대선사님께서는 이에 그치지 않고 그와
같은 경지를 담은 게송을 이 자리에서 즉시 한 수 지어볼 수 있겠
냐고 하셨다. 대원 선사님께서는 곧바로 다음과 같이 읊으셨다.

　바위 위에는 솔바람이 있고

산 아래에는 황조가 날도다
대천도 흔적조차 없는데
달밤에 원숭이가 어지러이 우는구나

岩上在松風
山下飛黃鳥
大千無痕迹
月夜亂猿啼

전강 대선사님께서는 위 송의 앞의 두 구를 들으실 때만 해도 지그시 눈을 감고 계시다가 뒤의 두 구를 마저 채우자 문득 눈을 뜨고 기뻐하는 빛이 역력하셨다.

그러나 전강 대선사님께서는 여기에서도 그치지 않고 다시 한 번 물으셨다.

"대중들이 자네를 산으로 불러내고 그중에 법성(향곡 스님 법제자인 진제 스님. 동화사 선방에 있을 당시에 '법성'이라 불렸고, 나중에 '법원'으로 개명하였다.)이 달마불식(達磨不識) 도리를 일러보라 했을 때 '드러났다'라고 답했다는데, 만약에 자네가 당시의 양무제였다면 '모르오'라고 이르고 있는 달마 대사에게 어떻게 했겠는가?"

대원 선사님께서 답하셨다.

"제가 양무제였다면 '성인이라 함도 서지 못하나 이러-히 짐의 덕화와 함께 어우러짐이 더욱 좋지 않겠습니까?' 하며 달마 대사의 손을 잡아 일으켰을 것입니다."

전강 대선사님께서 탄복하며 말씀하셨다.

"어느새 그 경지에 이르렀는가?"

"이르렀다곤들 어찌 하며, 갖추었다곤들 어찌 하며, 본래라곤들 어찌 하리까? 오직 이러-할 뿐인데 말입니다."

대원 선사님께서 연이어 말씀하시자 전강 대선사님께서 이에 환희하시니 두 분이 어우러진 자리가 백아가 종자기를 만난 듯, 고수 명창 어울리듯 화기애애하셨다.

달마불식 공안에 대한 위의 문답은 내력이 있는 것이다. 전강 대선사님께서 대원 선사님을 부르기 며칠 전에, 저녁 입선 시간 중에 노장님 몇 분만이 자리에 앉아있을 뿐 자리가 텅텅 비어 있었다고 한다.

대원 선사님께서 이상히 여기고 있던 중, 밖에서 한 젊은 수좌가 대원 선사님을 불렀다. 그 수좌의 말이 스님들이 모두 윗산에 모여 기다리고 있으니 가자고 하기에 무슨 일인가 하고 따라가셨다.

그러자 그 자리에 있던 법성 스님이 보자마자 달마불식 법문을 들고 이르라고 하기에 지체없이 답하셨다.

"드러났다."

곁에 계시던 송암 스님께서 또 안수정등 법문을 들고 물으셨다.

"여기서 어떻게 살아나겠소?"

대뜸 큰소리로 이르셨다.

"안 · 수 · 정 · 등."

이에 좌우에 모인 스님들이 함구무언(緘口無言)인지라 대원 선사님께서는 먼저 그 자리를 떠나 내려와 버리셨다.

그 다음날 입승인 명허 스님께서 아침 공양이 끝난 자리에서 지난 밤 입선시간 중에 무단으로 자리를 비운 까닭을 묻는 대중 공사를 붙여 산 중에서 있었던 일들이 낱낱이 드러나고 말았다. 그리하여 입선시간 중에 자리를 비운 스님들은 가사 장삼을 수하고 조실인 전강 대선사님께 참회의 절을 했던 일이 있었다.

전강 대선사님께서는 이때에 대원 선사님께서 달마불식 도리에 대해 일렀던 경지를 점검하셨던 것이다.

이런 철저한 검증의 자리가 있었던 다음 날, 전강 대선사님께서 부르시기에 대원 선사님께서 가보니 주지인 월산(月山) 스님께서 모든 것이 약조된 데에서 입회해 계셨으며 전강 대선사님께서는 곧바로 다음과 같이 전법게(傳法偈)를 전해주셨다.

 전 법 게

부처와 조사도 일찍이 전한 것이 아니거늘
나 또한 어찌 받았다 하며 준다 할 것인가
이 법이 2천년대에 이르러서
널리 천하 사람을 제도하리라

佛祖未曾傳
我亦何受授
此法二千年
廣度天下人

　덧붙여 이 일은 월산 스님이 증인이며 2000년까지 세 사람 모두
절대 다른 사람이 알게 하거나 눈에 띄게 하지 않아야 한다고 당
부하셨다.
　만약 그러지 않을 시에는 대원 선사님께서 법을 펴 나가는데 장
애가 있을 것이라고 예언하셨다. 또한 각별히 신변을 조심하라 하
시고 월산 스님에게 명령해 대원 선사님을 동화사의 포교당인 보
현사에 내려가 교화에 힘쓰게 하셨다.
　대원 선사님께서 보현사로 떠나는 날, 전강 대선사님께서는 미리
적어두셨던 부송(付頌)을 주셨으니 다음과 같다.

 부 송

　어상을 내리지 않고 이러-히 대한다 함이여
　뒷날 돌아이가 구멍 없는 피리를 불리니
　이로부터 불법이 천하에 가득하리라

不下御床對如是
後日石兒吹無孔
自此佛法滿天下

위의 송의 '어상을 내리지 않고 이러-히 대한다 함이여'라는 첫째 줄 역시 내력이 있는 구절이다.

전에 대원 선사님께서 전강 대선사님을 군산 은적사에서 모시고 계실 당시 마당에서 홀연히 마주쳤을 때 다음과 같은 문답이 있었다.

전강 대선사님께서 물으셨다.

"공적(空寂)의 영지(靈知)를 이르게."

대원 선사님께서 대답하셨다.

"이러-히 스님과 대담(對談)합니다."

"영지의 공적을 이르게."

"스님과의 대담에 이러-합니다."

"어떤 것이 이러-히 대담하는 경지인가?"

"명왕(明王)은 어상(御床)을 내리지 않고 천하 일에 밝습니다."

위와 같은 문답 중에 대원 선사님께서 답하신 경지를 부송의 첫째 줄에 담으신 것이다.

전강 대선사님께서 대원 선사님을 인가(印可)하신 과정을 볼 때 한 번, 두 번, 세 번을 확인하여 철저히 점검하신 명안종사의 안목

에 탄복하지 않을 수 없으며 이에 끝까지 1초의 머뭇거림도 없이 명철하셨던 대원 선사님께 찬탄하지 않을 수 없다.

　그리하여 법열로 어우러진 두 분의 자리가 재현된 듯 함께 환희 용약하지 않을 수 없다.

　이제 전강 대선사님과 약속한 2천년대를 맞이하였으므로 여기에 전법게를 밝힌다.

　이로써 경허, 만공, 전강 대선사님으로 내려온 근대 대선지식의 정법의 횃불이 이 시대에 이어져 전강 대선사님의 예언대로 불법이 천하에 가득할 것이다.

21세기에
인류가 해야 할 일

21세기에 인류가 해야 할 일

　이 사람은 1962년 26세 때부터 21세기에 인류에게 닥칠 공해문제, 에너지문제를 예견하고 대체에너지(무한원동기, 태양력, 파력, 풍력 등) 개발과 '울 안의 농법'을 연구하고 그 필요성을 많은 이들에게 이야기해 왔습니다.

　당시에는 너무 시대를 앞서가는 이야기여서인지 일반인들이 수용하지 못하고 오히려 불신의 눈으로 바라보며 이 사람의 법마저 의심하였습니다. 하지만 현대에 있어서는 이것이 인류가 해결해야 할 가장 절박한 사안이 되어 있습니다.

　'사막화방지 국제연대'를 설립한 것도 현재 인류가 해결해야 할 가장 절박한 지구환경문제를 이슈화시키고 그 해결책을 제시하여 재앙에 직면한 지구촌을 살리기 위해서입니다.

　'사막화방지 국제연대'에서 추진하고 있는 사막화 방지, 지구 초원화, 대체에너지 개발은 온 인류가 발 벗고 나서서 해야 할 일입니다.

첫째 사막화 방지에 있어서 기존에 해왔던 '나무심기 사업'은 천문학적인 예산과 많은 인력을 동원하고도 극도로 황폐한 사막화된 환경을 되살리는 데 실패하였습니다.

그래서 이 사람은 사막화 방지에 있어서는 '사막 해수로 사업'을 새로운 방안으로 제시하였습니다.

사막 해수로 사업은 사막화된 지역에 수도관을 매설하여 바닷물을 끌어들여서 염분에 강한 식물을 중심으로 자연생태계를 복원하는 사업입니다.

이것은 나무심기 사업으로 심은 나무들이 절대적으로 물이 부족하여 생존할 수 없었던 문제를 해결할 수 있는, 현재로서는 유일한 해결책입니다.

그러나 '사막화방지 국제연대'의 목적은 사막이 확장되는 것을 방지하자는 것이지 사막 전체를 완전히 없애자는 것은 아닙니다. 인체에서 심장이 모든 피를 전신의 구석구석까지 골고루 보내어 살아서 활동하게 하듯이 사막은 오히려 지구의 심장 역할을 하는 중요한 곳이기 때문입니다.

그래서 21세기에 있어서는 다만 사막의 확장을 방지할 뿐 아니라 사막을 어떻게 운용하느냐를 연구해야 합니다.

사막에 바둑판처럼 사방이 막힌 플륨관 수로를 설치하여 동, 서, 남, 북 어느 방향의 수로를 얼마만큼 채우느냐 비우느냐에 따라, 사막으로부터 사방 어느 방향으로든 거리까지 조절하여, 원하는 지역에 비를 내리게 하고 그치게 할 수 있습니다. 철저히 과학적인

데이터에 의해 이렇게 사막을 운용함으로써 21세기의 지구를 풍요로운 낙원시대로 만들어가야 합니다.

둘째로 지구를 초원화할 수 있는 방안으로서 3년간의 실험을 통해, 광활한 황무지 지역을 큰 비용을 들이거나 많은 인력을 동원하지 않고도 짧은 시간 내에 초지로 바꿀 수 있는 식물을 찾아냈습니다.

그것은 바로 '돌나물'입니다. 돌나물은 따로 종자를 심을 필요가 없이 헬리콥터나 비행기로 살포해도 생존, 번식할 수 있으며, 추위와 더위, 황폐한 땅에서도 살아남을 수 있는 생명력과 번식력이 강한 식물입니다.

지구환경을 되살리는 초지조성 사업에 있어서 이것이 큰 도움이 되리라 생각합니다.

셋째의 대체에너지 개발에 있어서는 태양력, 파력, 풍력 등 1962년도부터 이 사람이 연구하고 얘기해왔던 방법들이 이미 많이 개발되어 실용화한 단계에 있습니다.

이 세 가지 일은 한 개인이나 한 국가가 할 수 있는 일이 아닙니다. 모든 국가가 앞장서서 전 세계적인 사업으로 이루어져야 합니다. 모든 국가가 함께 한 기금조성이 이루어져야 하고 기금조성에 참여한 국가는 이 시스템에 의한 전면적인 혜택을 입을 수 있도록 해야 합니다.

인류 모두가 지혜를 모아 이 일에 전력을 다한다면 인류는 유사 이래 가장 좋은 시절을 맞이하게 될 것이며, 만약 이 일을 남의 일인 양 외면한다면 극한의 재앙을 면할 수 없을 것입니다.

이 사람이 오래 전부터 얘기해왔던 '울 안의 농법'은 이미 미국 라스베이거스(Las Vegas)에서 30층짜리 '고층 빌딩 농장'으로 구현되었습니다. 그렇게 크게도 운영될 수 있지만 각자 자신의 집에서 이루어지는 '울 안의 농법'도 필요합니다.

21세기에 있어서 또 하나 인류가 만일의 사태를 대비해서 연구, 추진해야 될 일이 있다면 바닷속에서의 수중생활, 수중경작입니다.

지구가 심하게 온난화될 경우, 공기가 너무 많이 오염될 경우, 바닷물이 높아져 살 땅이 좁아질 경우 등에 대비할 때, 인류는 우주에서의 삶보다는 바닷속에서의 삶을 준비해야 합니다. 왜냐하면 그것이 훨씬 수월하고 비용도 절감할 수 있기 때문입니다.

이렇게 깨달은 이는 이변적으로는 깨달음을 얻게 하여 영생불멸의 삶을 영위할 수 있도록 만인을 이끌어야 하며 사변적으로는 일반인이 예측할 수 없는 백 년, 천 년 앞을 내다보아 이를 미리 앞서 대비하도록 만인의 삶을 이끌어줘야 한다고 생각합니다.

불법의 뜻은 다만 진리 전수에만 있는 것이 아니니, 만인이 서로 함께 영원한 극락을 누릴 때까지 물심양면으로, 이사일여로 베풀어 교화해야 하기 때문입니다.

가슴으로 부르는
불심의 노래

여기에 실린 것들은 모두 농선 대원 선사님
께서 직접 작사하신 곡들이다.

　수행의 길로 들어서게끔 신심, 발심을 북돋
아주는 곡으로부터 수행의 길로 접어든 이의
구도의 몸부림이 담겨있는 곡, 대승의 원력을
발해서 교화하는 보살의 자비심과 함께 낙원
세계를 누리는 풍류를 그려놓은 곡까지 가사
한마디, 한마디가 생생하여 그 뜻이 뼛속 깊이
새겨지고 그 멋에 흠뻑 취하게 된다.

　농선 대원 선사님께서는 거칠고 말초적인
요즘의 노래를 듣고 이러한 정서를 순화시키
고자, 또한 수행의 마음을 진작시키고자 하는
뜻에서 이 곡들을 작사하셨다.

🪷 가슴으로 부르는 불심의 노래 – 악보 목록

🪷 기타 노래 목록

🪷 가슴으로 부르는 불심의 노래 – 가사 목록

서원가

작사 문재현
작곡 배신영
노래 홍노경

느리게

참 나를 깨달아서 보림을 하고 다가올 내앞날의
보살의가는길이 험난타해도 맹세코초지일관
중생이끝이없다 말들을해도 보현의만행다해

서 원이라 네 기어코육바라밀 성 취를하여 -
서 원이라 네 구류를그릇따라 깨 닫게하여 -
제 도를하여 유정과무정모두 다 한그날이 -

불보살님큰은혜 - 에 보 - 답하 - 면서
스승님의큰은혜 - 에 보 - 답하 - 면서
삼보님의큰은혜 - 를 갚 - 는날 - 이니

영 원히 구제의길 나는 - 가리 - 라
영 원히 구제의길 나는 - 가리 - 라
영 원히 구제의길 나는 - 가리 - 라

반조 염불가

작사 문재현
작곡 배신영
노래 홍노경

느리게

소중한 삶

작사 문재현
작곡 배신영
노래 홍노경

(모데라토) ♩ = 100

소중
불법

한   나날들을 아끼면서 사랑으로 베풀
은   영원하고 행복한삶 회복하려 노력

며 사노라면 삶이란고해만은- 아니리 라
하는 길이니 우리의삶앞날은- 밝으리 라

고운시선- 고운말로- 어울- 려-
좋은마음- 좋은말로- 감싸- 주고-

격려하며- 힘든삶- 극-복하면
삶-속에- 불법을- 실-천하면

좋은업- 좋은날- 약속이아니던가
영원하고- 행복한삶- 약속이아니던가

Fine

석가모니불

작사 문재현
작곡 배신영
노래 홍노경

국악가요

석가 모니불 -
석가 모니불 -

거룩한 - 석가 모니불 - 하늘땅에 - 유일한 - 님 - 이기 에 우러
거룩한 - 석가 모니불 - 하늘땅에 - 유일한 - 님 - 이기 에 우러

러 간절 하게 - 기도하 - 면 내 소원이루어 지지요 - 탐 - 욕
러 가르 침을 - 따른다 - 면 언제나행복하 지 요 - 선 - 법

을 - 보시로 다스려서 행 - 하고 진 - 심을 - 인
을 - 깨달아 생활화를 함으로써 이 - 세 - 상 - 이

욕으로실천하면우 리 바 - 라는 그 세 - 상 - 활 짝 열리네 불 - 법의
대로를 - 낙원으로님 - 이 바 라 신 그 소 - 원 - 꽃을 피우리 - 불 - 법의

진리깨달으면 - 함 없 - 는 - 함 - 으로 님 의 은혜 갚으
진리깨달으면 - 함 없 - 는 - 함 - 으로 님 의 은혜 갚으

리 석가 모 니 불 - 우 리 - 부 처 님 -   Fine
리 석가 모 니 불 - 우 리 - 부 처 님 -

144   화엄경 36권

맹서의 노래

작사 문재현
작곡 배신영
노래 홍노경

느리게

염원의 노래

작사 문재현
작곡 배신영
노래 홍노경

느리게

언젠

가 - 그 언젠 - 가 - 내 살던 - 이곳이 -. 잡
노을 - 빛 속에 - 눈 감고서 서 - 덧

초에 - 덮였으 - 니 연 - 못과 누대는 어디메나 - 질은
없는 - 인생사 - 를 깨워

주 리라 맹세 하 네 사 람과 사람마다 - 영 원 한 한 물건 -
꽃 피어 화려함은 - 우 리 님 맘 이요 -

본 래에 지녔으 니 모 래알진 주를이 루듯 이 오 늘 의 고 뇌를 - 미 -
곳 곳의 화평함은 - 우 리님억 겁의서 원이 라 우 주 법 계 모두 가 성 -

소 로 인 고 하 며 보 - 배를 이 - 뤄가 는 희망
품 - 의 - 낙 원 거 - 룩 한 소 - 원 성 취 노래

으 로 살 아 가 세
로 써 불 려 저 라

Fine

음성공양

작사 문재현
작곡 배신영
노래 홍노경

느리게

님 그사랑속 의 우리는 행복이로세 세월
위 빛이신당 신 오심은 영광이로세 나를

흐름깊-은만 큼 젖어든- 나의이행 복 이
깨운반-야- 의 지혜- 닦아이뤄서 님

세상의-모든분 들 부처님 사랑에- 젖고젖어봐 요 젖
의은혜-보답하 는 그서원 다하는- 초지일관으 로 구

온 만치복- 되- 고 행 복을누- 리 리 니 오
류 중생멸- 도- 해 이 세 상이-대로를 낙

는- 나날그자 체그대로가 낙원- 이- 길 서
원- 으로이루 어함께누릴 그날- 오- 길 합

원 하 는 기 도- 로- 써 음성
장 기 도 노 래- 로- 써 음성

공 양울리옵니 - 다   Fine
공 양울리옵니 - 다

발심가

작사 문재현
작곡 배신영
노래 홍노경

보사노바

우 — 리 네 한 세 상 —　보 람 찬 삶 — 으 로 —
참 — 나 를 깨 달 아 —　보 림 을 하 — 고 요 —
본 — 연 — 한 몸 의 —　능 력 을 베 — 풀 어 —
눈 — 깜 박 하 는 새 —　한 세 상 다 — 가 고 —

바 꾸 기 위 — 하 여 —　닦 아 들 봅 — 시 다 —
자 비 심 발 — 하 여 —　구 제 길 나 — 서 서 —
극 락 세 계 —　장 엄 을 하 — 구 요 —
부 귀 와 공 — 명 은 —　잠 시 의 꿈 — 이 라 —

청 춘 — 홍 안 이 —　얼 마 나 길 — 던 가 —
중 생 들 세 계 에 —　고 통 을 없 — 애 어 —
둥 실 — 두 둥 실 —　누 리 기 위 — 하 여 —
이 러 한 되 풀 이 —　금 생 에 끝 — 내 어 —

꿈 꾸 는 사 — 이 에 —　백 발 이 된 — 다 네 —
극 락 이 되 — 도 록 —　최 선 을 다 — 하 세 —
오 늘 의 어 — 려 움 —　극 복 을 해 — 내 세 —
윤 회 의 사 슬 에 서 —　벗 어 나 납 — 시 다 —

1-2절 D.C
3-4절

자비의 품

작사 문재현
작곡 배신영
노래 홍노경

부처님 은혜 1

작사 문재현
작곡 배신영
노래 홍노경

느리게

노을이 짙고 새둥-지- 찾 을땐- 부처 님의 절절한- 말씀 생각이 나고

눈에이 슬 맺힌채- 참회 기도- 명 상으로써 억- 겁업을-

재 우 노 라면 구름 그늘- 서늘한바 람 불어옴을-맞음 이랄까-

상쾌하고 확트인 가 슴- 희망의 미- 소

입가에 번 지- 고 콧노 래가절로 흘러나 온다- 고맙

습 니 다- 참 고맙습 니 다 더없이큰부처 님은 혜

구류중 생을- 구제 함으로써 갚는것이서원- 입 니 다 서원

향 해- 띌- 것- 입 니 다- 서 원향 해다할것입 니 - 다-

Fine

보살의 은혜

작사 문재현
작곡 배신영
노래 홍노경

느리게

파도에 실려 떠가 는 낙엽같이 살아가는 인생 -

구원코자 - 따라주 며 같이 하 는 자 - 비인데 -

제 안경 에 보인대 로 말 들 - 하 지 만 -
눈이멀 고 귀가먹 은 저 들 - 이 지 만 -

못들은척 - 모르는 척 최 - 선 - 다하 - 리
황소처럼 - 지장처 럼 최 - 선 - 다하 - 리

바 - 른 눈 바 - 른 맘 통 쾌 - 히 열어라 -
지 - 혜 눈 지 - 혜 맘 통 쾌 - 히 열어라 -

아 - 아 아 - 아 그 - 날 - 이
아 - 아 아 - 아 그 - 날 - 이

그 - 날 이 오 기 만 을 기 다 리 는 마 - 음 -
그 - 날 이 오 기 만 을 기 다 리 는 마 - 음 -

이 생에 해야 할 일

작사 문재현
작곡 배신영
노래 홍노경

세상사람 날찾는일 등한하지 - 만 생각들
번갯불이 스쳐가듯 가는한세 - 상 맘닦아

해보구려 그러할일이던 가 번갯불 - 스쳐가듯 -
긴미래를 내마음내뜻대 로 대천세계 여저기서 -

아 - 아 무 상 한 한 세 - 상
아 - 아 풍 류 를 누 리 - 며

- 맘 닦 - 아 내 낙 원 을 -
끝없 - 는 구 제 의 길 -

내이뤄 누리는일 아 - 아 우 리 모 -
자비로 실천할일 아 - 아 우 리 모 -

두 해 야 할 일 이 일뿐일 세 해 야 할 일 이 일뿐일
두 해 야 할 일 이 일뿐일 세 해 야 할 일 이 일뿐일

세 -
세 -

DS. all play

구도의 목표

작사 문재현
작곡 배신영
노래 홍노경

느리게

눈 뜨면 관음 우러러 보문을 따르며- 하
루 하루를 최선-다 하는 일 에
언 제 나 떳떳한 불 자 로 서원코 큰은 혜 갚는 보 살 행-
대자대 비를- 베-풀 어 어느때 어느곳 그 무엇- 가 리지 않는
이 로- 제 일 의- 사 표가 될 것을 목표로 삼 을
겁 니 다 아 아 사 바 의 세 계 가
다 하는- 그 날 까 지

님은 아시리

작사 문재현
작곡 배신영
노래 홍노경

사계 절의- 풍광 인들- 위로 되-겠-니
같이- 되지 않아- 기 도 에·젖-은

- 서사 시의- 음률 인들- 쉬-어지-겠-니 뜻과
이

마음 님-은- 아-시-리- 한 세 상 열
청 춘 의 모

정 쏟-아 닦는 수 행길- 불보살님 출현 하셔 베
든 욕-망 사뤄 버리고- 회광 반조 촌 각 아 낀 열

푼 자-비-에- 모든 망상- 모-든 번-
정 쏟-아서- 이룬 선정- 그 효 력-

뇌 없었으면 좋으련 만 마음 대로- 안 되 는게- 수행이 더
이 있었으면 좋으련 만 마음 대로- 안 되 는게- 보림이 더

라 수행이 더라- 마음대로- 안 되 는게- 수행이더 라 수행 이 더라-
라 보림이 더라-

부처님 은혜 2

작사 문재현
작곡 배신영
노래 홍노경

느리게

낙엽이지고 국향-이 질 을땐- 부처 님의고고한- 말씀 법계화되 고

대승보살 나투어 -그릇 따라- 베 푼 법문에 만난 사 - 람-

모두가 깨쳐 두타보림- 수행을 하 여 있는그곳 -극락 이어서-

걸음걸음 상쾌한 가 슴- 입가에 미 - 소

언제나 번 - 지 - 는 대자유 삶누릴지어 - 다 고 맙

습 니다- 참 - 고맙습니 다 촌각인들 부처님은 혜

그어찌 한들- 잊을 날있으 리 불은갚 는그날 - 까지 는 서원

향 해 - 뛸 - 것- 입니다- 서 원향해 다할것입니 - 다-

Fine

성중성인 오셨네

(초파일노래)

작사 문재현
작곡 배신영
노래 홍노경

내 문제는 내가 풀자 1

작사 문재현
작곡 배신영
노래 홍노경

즐거운 밤

작사 문재현
작곡 배신영
노래 홍노경

관음가

작사 문재현
작곡 배신영
노래 홍노경

조금빠르게 ♩= 130

꽃을 보아도 먼 산을 보아도 그리움 그리움이 - 더 해 -
진 관세음 관 세 음 은 -
포근한 아 - 아 - 품이랍니 다 -
기쁠 때에 도 어려울 때에 도 자애
로 다 가 오 셔 서 힘 - 이 되 -
신 관 - 세 음 관세음은 - 포근한 - 품 - 이랍니
- 다 -

Fine

2xbis

부처님

작사 문재현
작곡 배신영
노래 채연회

이 슬방울 의 아 침햇빛보다 -
영 롱한 님이 시 고 _ 금 구슬에- 반 짝이는-
빛 보 다 아 름 다운 님이 시 며-
보 석 의 찬란한 빛 보 다 눈 부 신 님 이 시 기 에 생 각
만 하여도 설 레 이 고 이 름 만 들어도 행 복 한 님
영 원 한 우 리 들 의 님 이 십 니 - 다

열반재일

작사 문재현
작곡 배신영
노래 채연희

인 연 다 함 – 아 시 기 에 – 구 제 방 편 – 거 두 시 어 –
대 자 대 비 – 거 룩 하 신 – 가 르 치 심 – 이 세 상 에

열 반 드 신 – 그 자 재 는 – 그 누 구 가 – 흉 내 인 들 –
길 이 길 아 – 펼 쳐 져 서 – 그 언 젠 가 – 이 고 해 가 –

내 오 리 까 – 오 고 감 을 뜻 대 로 한
낙 원 으 로 – 되 는 날 을 믿 는 마 음

거 – 룩 함 에 정 례 합 니 다 정
우 – 러 러 서 정 례 합 니 다 정

례 합 – 니 다 –
례 합 – 니 다 –

Fine

성도재일

작사 문재현
작곡 배신영
노래 채연희

석굴암의 노래

작사 문재현
작곡 배신영
노래 채연희

그윽히 내려 트인　　　　높고 높은산 기 슭에
태초의 이마 음 이　　　　무 명으로경계 이뤄

명 월보다밝은 모습　　　근 엄도하 셔 라 뵈옵
꿈 의세상이어 져서　　　이런삶 됐 지만 거룩

는 그순간　티끌번뇌　사라지니　한없
한 가르침　깊이새긴　실천으로　일상

이 고요하 여　지-순한　마음일 세　이마음
의 시시때 때　생활화 가　되는그 날　이세상

속세에　있을때 도　지속되 면　거치른 이세상도 태평세
이대로가　정-토 의　세상되 어　노래와 춤으로써 길이길

계 될것일 세
이 즐길걸 세

님의모습

작사 문재현
작곡 배신영
노래 채연희

Slow Waltz ♩= 82

A Am | | Dm | |

C | E7 | Am | |

B Am | | Dm | E7 |

합 장 속 의   봉－ 화 처 럼
대 자 비 의   육－ 신 통 을
님 의 모 습   그－ 위 력 에

Am | G/B | C | Dm | E |

나 타 나 신 툰   모－   습 음
갖 춰 나 나 신 툰   모－   습 음
보 림 이 신 툰   마－   음

Am | G/B | C | E7 | Am |

사 색 속 의   태－ 양 처 럼
우 리 들 의   온－ 갖 소 원
님 의 모 습   나－ 툰 찰 나

Am | E+5 | E7 | Am |

나 타 나 신   모－   습 습
이 뤄 주 신－   모－   습 음
둘 이 아 닌－   마－   음

Am | E | Am | E |

아－   아－   미 소 속－ 의
아 아－   아－   백 천 삼 매
아－   아－   님 의 모－ 습

무 지 개 를　　타 - 고　나 - 툰 - 모 -
나 에 게 서　　깨 - 워　주 - 신 - 모 -
그 대 로 가　　유 - 마　묵 - 연 - 마 -

습
습
음

Fine

믿고 따르세

작사 문재현
작곡 배신영
노래 채연희

고 - 해일 - 러 낙원이라 한 불보 - 살님그 - 말씀 의
참 - 나깨 - 친 밝은지혜로 선행 - 닦아사 - 상없 는

진 실한경지 알려 - 거든 보고듣 는 그곳향해
일 상의생활 이루 - 는날 고해일러 낙원이란

명 - 상하 - 게 명상 - 으로분 - 별
말 - 씀의 - 뜻 내 - 뜻 - 되 - 어

망 상없 - 어지 고 고요로움 극해지면
큰웃음을 - 껄껄짓 고 대장부로 삼계구할

불 멸 의 나 깨 - 치 네
서 원 세 워 행 - 하 리

Fine

신명을 다하리

작사 문제헌
작곡 배신영
노래 채연희

Slow ♩= 64 국악가요

사바세계 - 사 - 는 그게

죄 를 짓 는 바탕이라 크나큰 - 자 비 로 써

이끄시 는 가르 침에 신 명다해 - 따 름으로

두텁 - 다는 - 엄녹으 면 무명 깨고 자 성 밝 혀 큰 웃

음 을 지으리 - 니 그 날 - 에 가

르치신 큰은혜 를 갚 - 으 리 라 음 어 떤

고 난 있 - 다 해 도 큰 - 의 지 로 - 극복해서 온 누

리 를 - 정토의 낙원 으로 이 루 - 리 라 그 날 -

음 -   음 -

부처님께 바치는 마음

작사 문재현
작곡 배신영
노래 채연희

감사합니다

작사 문재현
작곡 배신영
노래 채연희

감사합니다 환영합니다 이 땅 위에 오신 것을 -
나를 깨우려 대자대비로 이 땅 위에 오셨기에 -

축하합니다 경축합니다 성중성인 오신 것을 -
우리 모두가 감사함으로 우러러 받듭니다 -

손에 손을 - 서로 잡고 - 모두 함께 즐거워서 -
손에 손을 - 서로 잡고 - 노래하고 춤을 추며 -

발걸음도 - 가벼웁게 - 춤을 춥니다 -
나날마다 - 오늘같길 - 기도합니다 -

춤을 춥니다 -
기도합니다 -

교화가

작사 문재현
작곡 배신영
노래 채연희

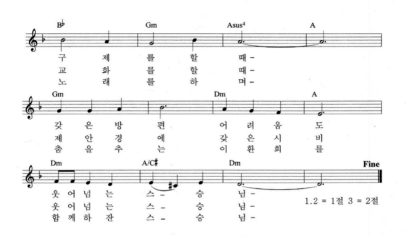

구 제 를 할 때 -
교 화 를 할 때 -
노 래 를 하 며

갖 은 방 편 어 려 움 도
제 안 경 에 갖 은 시 비
춤 을 추 는 이 환 회 를

웃 어 넘 는 스 - 승 님 -
웃 어 넘 는 스 - 승 님 -
함 께 하 잔 스 - 승 님 -

1.2 = 1절 3 = 2절

섬진강 소초

작사 문재현
작곡 배신영
노래 채연희

광 양-포 구　팔 십-리 의　거 룻 배 에 몸을 싣　고
하 동-포 구　팔 십-리 에　거 룻 배 를 띄 워 놓　고

석 양 노 을　고 운 빛 에　물 새 도 맘 읽 누　나
노 을 들 어　법 문 하 니　어 우 러 진 웃 음 이　네

광 양 하 동　어 우 름 의　한 결 같 은 섬 진 강　은
이 위 력 이　세 상 그 늘　모 두 거 둬 열 린 세　상

머 언 머 언　그 날 에 도　오 늘 처 럼- 흐 르 리　라
평 등 낙 원　누 림 으 로　노 래 하 며- 살 게 되　리

우 리 도 저 런 맘　길 이 지 녀　누 리 며 사　세
그 날 을 위 한 삶　모 두 함 께　노 력 해 사　세

Fine

권수가 1

작사 문재현
작곡 배신영
노래 채연희

아니아니 - 닦지는 못하리라 - 일분과 일각도 -
아니아니 - 닦지는 못하리라 - 한송이 떨어진꽃을낙화진다고

허 - 송하지말게 눈 - 감아 - 뜨는사이백 - 발 과 주름일세 -
서러워마라한번 피 - 었다 - 꽃이지듯우리저렇듯 지 고마 는 -

어서수행을하여영원한 참나를알고사 - 세 -
슬픈나날이흘러흘 - 러 흘러만가니어이하 리 -

이 것이것 이것이뭐꼬 뭐꼬라고한 - 이것이뭐
차착각 - 저초침소 리 검은옷으로 - 다가오

꼬 - 보일듯이아니보이 고
는 - 저 승의사자소 - 리

이룰듯하다가 놓쳤으니 - 하루하루가 태산만같게
어찌아 니 슬플쏜가 - 숙 - 명적인 인파라해도

커져만 - 가는게 의심일세 - 얼씨구나 좋 다 -
극복해 - 넘기에 어려움네 - 얼씨구나 좋 다 -

지 화 자 좋 네 - 아 니 닦 지 는 - 코 러 스 -
지 화 자 좋 네 - 아 니 닦 지 는

못 - 하 리 - 라 -
못 - 하 리 - 라 -

Fine

권수가 2

작사 문재현
작곡 배신영
노래 채연희

아 니 아 니- 닦 지 는 못 하 리 라-　적 적 요 요 달 밝 은-　밤-에-
아 니 아 니- 닦 지 는 못 하 리 라-　어 지 러 운 번 뇌-　망-상-

단 정 히 눈 을 감 은 깊 은 삼 매-　대 상 없 는 낙 에 취 해　짓 는 미 소-
털- 고 이 룬 보 리 마 음 모 든 속 박-　다 떨 치 고 호 연 지 기 를　누 리 는 데-

한 산 습 득 이 즐 겨 누 리 는　그 낙 이 아 니 던-　가-
송 죽 바 람 솔 솔 향 기　그 윽 하 고- 그 윽 하　네-

모 두 들- 저 런 낙 을-　누 리 려 거 든-　닦 고 닦
산 새 도- 노 래 하 니-　너 도 좋 고-　나 도 좋

소-　삼 세 모 든 불 보 살 님 도
다-　삼 세 제 불 무 현 금- 에

두타의 수행을 인내로써 하루하루를 수행해 왔던
역 - 대조 - 사 무공적의 명 - 월 삼경 이좋은밤을

결실로 - 얻어진 과위라네 얼 씨구 나 좋 다
두둥실 - 두둥실 즐겨보세 얼 씨구 나 좋 다

지 화 자 좋 네 아 니 닦지 는 - 코러스 -
지 화 자 좋 네 아 니 닦지 는

못 - 하 리 - 라 **Fine**
못 - 하 리 - 라

우란분재일

작사 문재현
작곡 배신영
노래 채연회

Trot in4 (double beat) ♩= 134

우 란 분 재 맞-이 해 서 대자대비-부처-님 을
정 성 어 린 마-음으로 이고득락-비옵-나 니

이 자-리 에 청 해 모 셔 다 생 부 모 왕 생 극 락
세 상-애 착 모 두 끊 고 부 처 님 의 그 세 상 에

정 성 다 한 맘 입 니 다 지 혜 짧 아 못-미-처 서
나 시 기 만 원 합 니 다 다 생 겁 에 경-험-하 신

중 한 은 혜 입-고 서 도 보 은 보 답 못 하 고 서
부 질 없 는 몸-종 노 롯 그 허 망 을 떨 침 만 이

이 생 까 지 이-른 것 을 머 리-숙 여 부 처 님 께
윤 회 고 를 벗-어 나 는 길 이 오 니 그 리 되 길

참 회 합 니- 다 참 회 합 니- 다
비 옵 나 이- 다 비 옵-나 이- 다

Fine

고맙습니다

작사 문제헌
작곡 배신영
노래 채연희

믿음으로 여는 세상

작사 문재현
작곡 배신영
노래 채연희

Slow ♩ = 76

우리들 모두가　부처님의지해 -　활짝열린가슴으로　써
우리들 모두가　참선을할때는 -　모두비워명경지수　로

다 같이 도와서 -　살아들간 - 다면　훈풍같은앞날이리　라
참 나를 관조해 -　실경에사 - 무처　깨달아서활짝웃는　날

아 - 즐 - 겁게　즐겁게마 - 음을　다스려참모습을　이루노라 면
아 - 즐 - 겁게　즐겁게법 - 담을　함으로꽃피울걸　맹세를하 고

정 - 토의 세상 이　우 리 를맞 - 으리　우리모두기도합시
정 - 진에 정진 을　정 진 에정 - 진을　우리모두실천합시

다　다 같이기도합시 - 　다
다　다 같이실천합시 - 　다

Fine

출가재일

작사 문재현
작곡 배신영
노래 채연희

염원

작사 문재현
작곡 배신영
노래 채연희

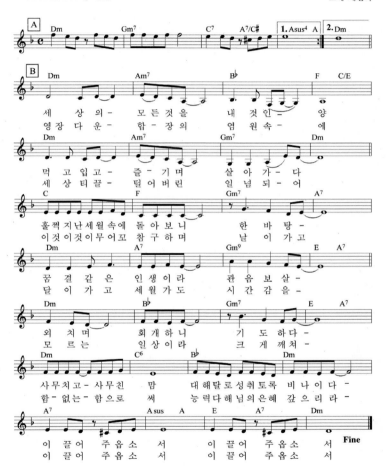

우리네 삶, 고운 수로

작사 문재현
작곡 배신영
노래 채연희

어리어리 어- 우리 우리함께 사랑하며
어리어리 어- 우리 남녀노소 식구처럼
어리어리 어- 우리 남녀노소 식구처럼

어 울려 노래와 춤 으로 나-
어 울려 나 누는 맘 으로 나-
어 울려 나 누는 맘 으로 나-

어리어리 어- 우리
어리어리 어- 우리
어리어리 어 우리

우리네 삶 고운수로 꾸며가세 세
우리네 삶 고운수로 꾸며가세
우리네 삶 고운수로 꾸며가세

숲속의 마음

작사 문재현
작곡 배신영
노래 채연희

사색

작사 대원 문재현
작곡 배신영

조 용—히 눈—감 고—서 참—나 를살 펴— 봐 요
조 용—한 사—색으로 깨—달 아살 펴— 보 면

갖 은 생 각 모 든 행 이 이 로좆 아 있 건 만— 은
온 갖 지 혜 모 든 덕 이 이 로좆 아 있— 음— 에

색 깔도모양도 없 어 알—고 파 서 사 색 일 세 모든걸내려놓고—
그능력베풀고펼 처 누—리 려 고 수 행 일 세 모두를다비우고—

쉬는시 간사 색 으 로 한 걸음또한걸음 다가서는노력다해 기어이성취하여
님의자 취따름으 로 한 걸음또한걸음 극락세계다가가서 기어이성취하여

낙 원 의— 삶—누 리 려 네
너 나 없— 이—누 려 보 세

천부경을 아시나요

작사 대원 문재현
작곡 배신영

우리조상 깊 - 은진리 천부경을아시나 요
바른진리 깨 - 달아서 이세상을바로봐 요

여든 - - 한 - 자속에 누 리의 - 온이 - 치 - 를
마음 - - 의 능 - 력으로 펼 쳐놓은장엄 - 이 - 라

남 김없이 - 담 으셨 - 네 - 필부의사내 - 라 도
화 려하고 - 아 름답 - 네 - 이땅인이대 - 로 가

마 음을 - 갈 고닦 - 아 영원 한참 - 나 께 - 쳐
낙 원의 - 세 계이 - 니 노래 와춤 - 으로 - 써

환 인 - 큰은혜에 보 답 - 해사 - 세
어 깨 - 동무하고 영 원 - 히사 - 세

보살가

작사 대원 문재현
작곡 김동환

너무느리지않게 ♩ = 80

세상사에어 울린 구 제의길
어려움도웃어넘긴 이 마음을　흰 구름너도알리 라
성불의보리과를 이루기위해　두타의수행으로 써

이 세계 저 세계서 닦았던 보현행을 영원히 펼치 — 리

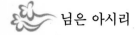 님은 아시리

1 부

1. 사계절의 풍광인들 위로되겠니
서사시의 음률인들 쉬어지겠니
뜻과 같이 되지 않아 기도에 젖은
이 마음 님은 아시리
한 세상 열정 쏟아 닦는 수행길
불보살님 출현하셔 베푼 자비에
모든 망상 모든 번뇌 없었으면 좋으련만
마음대로 안 되는 게 수행이더라, 수행이더라

2. 사계절의 풍광인들 위로되겠니
서사시의 음률인들 쉬어지겠니
뜻과 같이 되지 않아 기도에 젖은
이 마음 님은 아시리
청춘의 모든 욕망 사뤄버리고
회광반조 촌각 아낀 열정 쏟아서
이룬 선정 그 효력이 있었으면 좋으련만
마음대로 안 되는 게 보림이더라, 보림이더라

3. 사계절의 풍광인들 위로되겠니
서사시의 음률인들 쉬어지겠니
뜻과 같이 되지 않아 기도에 젖은
이 마음 님은 아시리
억겁의 모든 습성 꺾어보려고
갖은 노력 갖은 인내 온통 쏟아서
세월 잊은 보림 성취 있었으면 좋으련만
마음대로 안 되는 게 성불이더라, 성불이더라

2 부

1. 사계절의 풍광인들 비유되겠니
가릉빈가 음률인들 비교되겠니
뜻과 같이 자유자재 베풀어놓고
한없이 즐기시련만
그러한 대자유의 삶을 접고서
중생들을 구제하려 삼도에 출현
갖은 역경 어려움을 감내하는 자비로써
깨워주는 그 진리에 눈을 뜨거라, 눈을 뜨거라

2. 사계절의 풍광인들 비유되겠니
가릉빈가 음률인들 비교되겠니
뜻과 같이 자유자재 베풀어놓고
한없이 즐기시련만
억겁을 다하여도 끝이 없을 걸
알면서도 해내겠다 나선 님의 길
가시밭길 험난해도 일관하신 그 자비에
구류중생 깨달아서 정토 이루리, 정토 이루리

3. 사계절의 풍광인들 비유되겠니
가릉빈가 음률인들 비교되겠니
뜻과 같이 자유자재 베풀어놓고
한없이 즐기시련만
낙원의 모든 즐김 떨쳐버리고
삼악도를 낙원으로 이뤄놓겠다
촌각 아낀 그 열정에 모두 모두 감화되어
이 땅 위에 님의 소원 이뤄지리라, 이뤄지리라

🌸 불보살의 마음

1. 자비, 그 자비는 눈물이었네
불나방이 불을 쫓듯 가는 이
그래도 못 잊어서 버리지 못해
저리는 저리는 가슴, 그 가슴 안고서
눈물, 피눈물로 저리 부르네

2. 자비, 그 자비는 눈물이었네
제 살 길을 저버리는 이들을
그래도 못 잊어서 버리지 못해
저리는 저리는 가슴, 그 가슴 안고서
눈물, 피눈물로 저리 부르네

 나의 노래

1. 노세 노세 봄놀이하세
대천세계 이 봄 경치
한산 습득 친구삼아
호연지기 즐겨볼까
얼씨구나 절씨구
아니나 즐기고 무엇하리

2. 노세 노세 봄놀이하세
걸음 쫓아 이른 곳곳
문수보현 벗을 삼아
화엄광장 춤춰볼까
얼씨구나 절씨구
아니나 즐기고 무엇하리

🌸 잘 사는 게 불법일세

1. 잘 사는 게 불법일세
우리 모두 관음보살 지장보살 생활 속에
모시면서
마음 비운 나날들로 바른 삶을 하노라면
불보살님 가피 속에 뜻 이뤄서 꽃을 피운
그런 날이 있을 걸세

2. 잘 사는 게 불법일세
우리 모두 관음보살 지장보살 생활 속에
모시면서
마음 비워 살아가며 시시때때 잊지 않고
참나 찾아 참구하는 그 정성도 함께하면
좋은 소식 있을 걸세

3. 잘 사는 게 불법일세
우리 모두 관음보살 지장보살 생활 속에
모시면서
틈틈으로 회광반조 사색으로 참나 깨쳐
화장세계 장엄하고 얼쉬얼쉬 어울리며
영원토록 웃고 사세

🌸 선 승

토함산 소나무 위에 달빛도 조는데
단잠을 잊은 채 장승처럼 앉아있는
깊은 밤 선승의 그윽한 눈빛
고요마저 서지 못한 선정이라
대천도 흔적 없고 허공계도 머물 수 없는
수정 같은 광명이여, 화엄의 세계로세

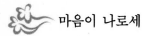 우리 모두

우리 모두 만난 인생 즐겁게 살자
부딪치는 세상만사 웃으며 하자
인연으로 어우러진 세상사이니
풀어가는 삶이어야 하지 않겠니

몸종 노릇 하는 사이 맘 챙겨 살자
맑고 맑은 가을 허공 그렇게 비워
명상으로 정신세계 사무쳐보자
언젠가는 깨쳐 웃는 그날이 오리

한산 습득 껄껄 웃는 그러한 웃음
웃어가며 모든 일을 대하는 날로
활짝 펼쳐 어우러진 그러한 삶을
우리 모두 발원하며 즐겁게 살자

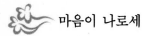 마음이 나로세

본래 마음이 나이건만
몸이 내가 된 삶이 되어
갖은 고통이 따랐다네

맘이 내가 된 삶으로서
갖은 고통이 없는 삶을
우리 누리고 살아보세

이리 쉽고도 쉬운 일을
어찌 등 돌린 삶으로서
고통 속에서 헤매는고

마음 수행을 모두 하여
나고 죽음이 없음으로
태평 세월을 누려보세

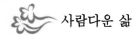 거룩한 만남

불법을 만난 건 행운 중 행운이고 내 생의 정점일세
거룩한 이 법을 만나는 사람이면 서로가 권하고 권을 하여
함께 하는 일상의 수행이 되어서 다 같이 누리는 낙원 이뤄
고통과 생사는 오간 데 없고 웃음과 평온만 넘치고 넘쳐
길이길이 끝이 없는 복락 누리세

여래의 큰 은혜 순간인들 잊으랴 수행해 크게 깨쳐
구제를 다함만 큰 은혜 갚음이니 노력과 실천 다해
우리 모두 씩씩한 낙원의 역군이 되어 봉화적인 이생의 삶
으로써
최선을 다하여 부끄럼 없는 대장부로, 은혜 갚는 장부로
길이길이 끝이 없는 복락 누리세

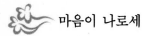 사람다운 삶

1. 사람이 사람다운 사람이 되려면
명상으로 비우고 비워서
고요의 극치에 이르러
자신을 발견한 슬기로써
마음을 다스리는 연마 후에
그 능력으로 모두가 살아가야
평화로운 세상이 활짝 열려
모두 함께 누릴 걸세

2. 서로가 다툼 없이 서로를 아껴서
마음으로 베풀고 베푸는
사회로 이루어 간다면
낙원이 멀리만 있는 것이 아니라
살고 있는 이대로가 낙원이란 걸
모두가 실감하는
우리들의 세상이 활짝 열려
모두 함께 누릴 걸세

 ## 즐거운 마음

1. 우리 모두 선택받은 제자 되어
즐거운 맘 하나 되어 축하합니다
그 무엇을 이룬들 이리 좋으며
황금보석 선물인들 이만하리까
부처님의 가르침만 따르오리다
실천하리라 실천하리라

2. 부처님의 뒤 이을 걸 맹세하며
다짐으로 즐기는 맘 가득합니다
당당하게 행보하는 구세의 역군
혼신 다해 낙원 이룬 이 세계에서
함께 사는 즐거움을 생각하며
노래합니다 노래합니다

사는 목적

우리 모두 행복을 찾아 영원을 찾아
내면 향해 비춰보는 명상으로
앉으나 서나 일을 하나 최선을 다하세
하루의 해가 서산을 붉게 물들이고
합장 기도하여 또 다짐과 맹서의 말
뜻 이루어 이 세상의 빛이 돼서
구류를 생사 고해에서 구제하는 사람으로
영원히 영원히 살 것입니다

바른 삶 1

우리 삶을 두고서 허무하다 누가 말했나
본래 마음이 나 아닌가
그 마음 나를 삼아 살면 되지
지금도 늦지 않네 우리 모두
오늘부터 모두들 마음으로 나를 삼아
길이길이 웃고들 사세

바른 삶 2

1. 어디어디 어디라 해도
마음 찾아 바로만 살면
그곳 바로 극락이라네
세상분들 귀담아듣고
사람 몸을 가졌을 때에
모든 고비 극복해내서
참선으로 참나를 깨쳐
걸림 없는 해탈의 세상
누려보세 누려들 보세

2. 어두운 곳 태양이 뜨듯
중생계에 불타 출현해
바른 삶으로 인도하셔
복된 날을 기약케 하니
아니아니 좋고 좋은가
이 몸 주인 통쾌히 깨쳐
억겁 업을 말끔히 썼고
걸림 없는 해탈의 세상
누려보세 누려들 보세

닮으렵니다

관세음보살 관세음보살
지극한 마음으로 닮으려고
오늘도 노력하며 주어진 일을 하면
하루가 훌쩍 가는 줄도 모른다오
관세음 관세음보살
님께서 베푸는 그 넓은 사랑을
이 맘 속에 기르고 길러서
실천하는 그런 장부 되어서
큰 은혜 갚을 겁니다

 수행과 깨침

1. 그릴 수도 없는 마음, 만질 수도 없는 마음
찾으려는 수행이라 모든 것을 다 버리고
모든 생각 비우기를 몇천 번이었던가
머리 터져 피 흘려도 멈출 수가 없는 공부
이 공부가 아니던가

2. 놓지 못해 우두커니 장승처럼 뭐꼬 하고 앉았는데
앞뒤 없어 몸마저도 공해버린 여기에서 이러-한 채
시간 간 줄 모른 채로 눈을 감고 얼마간을 지나던 중
한 때 홀연 큰 웃음에 화장계일세

 정한 일일세

우리네 삶이란 것
풀끝 이슬 아니던가
서로서로 위로하고 아끼면서
우리 모두 착한 삶이
이어져 가노라면
언젠가는 행복한
그날이 우리에게
찾아오는 것 정한 일일세
찾아오는 것 정한 일일세

걱정 말라

1. 걱정 말라 걱정을 말라 불보살님 말씀대로만 행한다면
안 풀리는 일 없다 하지 않았던가
육근으로 보시를 하며 웃고 살자 웃고들 살자
백년 미만 우리네 인생, 세상 만사 마음먹기 달렸다고
일러주시지 않았던가 걱정을 말라

2. 이리 봐도 저리를 봐도 모두모두 내 살림일세
간섭할 수 없는 내 살림 아니아니 그러한가
이리 펼치고 저리 펼쳐 육문으로 지은 복덕
베푸는 맛이 아니 좋은가 우리 사는 지구인 별 함께
가꿔
낙원으로 만들어서 살아들 보세

여기가 낙원

참나 찾아 영원을 향해
한눈 안 팔고 노력하고
가정 위해 사회를 위해
뛰고 뛰고 혼신을 다한
나의 노력 결실이 되어
일상에서 누리는 나날
선 자리가 낙원이 되니
초목들도 어깨 춤추고
산새들도 축하를 하네

따르럽니다

1. 우리 모두 합장 공경 하옵니다
크고 작은 근심 걱정 씻어주려
우릴 찾아 오셨으니 감사합니다 고맙습니다

2. 우리 모두 손에 손을 맞잡고서
즐거웁게 노래하고 춤을 추며
우리에게 오신 님을 경하합니다 축하합니다

3. 우리들의 깊은 잠을 깨워주셔
영생불멸 낙원의 삶 누리게끔
해주시려 오신 님을 공경합니다 따르럽니다

지장보살

지장보살 두 눈의 흐르는 눈물
마르실 날 언제일까 생각하고 또 생각해도
이 세상의 사람들이 멀어지게만 하고 있네요
보살님 어찌해야 하오리까
반야의 실천으로 최선 다해 돕는다면
안 되는 일 있으리까
대원본존 지장보살 나무 지장보살
얼씨구나 절씨구나 한 판 놀음 덩실덩실 살
아들 보세

나는 바보

나는 바보다 나는 바보야
역지사지 알다보니 바보가 되었네
그렇지만 내 주위는 언제나 웃음이 있고
나눔이 있어 행복하다네
나는 나는 그런 바보야
나는 나는 그런 바보야

옛 고향

고향 옛 고향이 그리워 거니는 산책에
고요한 달빛 휘영청 밝고 밤새는
그 무슨 생각에 저리 부르는 노래인데
숲 타고 온 석종소리에 열리는 옛 내 고향
그리도 캄캄하던 생각들은 흔적도 없고
고요한 마음 옛 고향 털끝만큼도
가리운 것이란 없었는데
어찌해 그 무엇에 어두웠던고 고향길 옛 내 고향
나는 따르리라 끝없는 일이라 하여도
님 하신 구제 고난과 역경
그 어떤 어려움 닥쳐도
님 하시는 일이라면 멈추는 일 없을 것일세
이것만이 보은이라네 보은이라네

곰탱이

곰탱이 곰탱이 미련 곰탱이
세상 사람 요구 따라 다 들어준
사람더러 곰탱이라네
요구 따라 따지지 않고
들어주기 바쁜 이를 놀려대며 하는 말
곰탱이 곰탱이 미련 곰탱아
그리 살다간 끝내는 빌어먹을 쪽박마저
없겠구나 미련 곰탱아
그래도 덩실덩실 추는 춤을
보며 깔깔 웃는 사람들아
웃는 자신 모르니 서글퍼 내 하는 말
한 판의 꿈속이라 천금만금 쓸데없네
깔깔 웃는 그 실체를 자신 삼아 사는 삶이 되길
바라고 바라는 곰탱이 춤이로세

🌸 미련 곰탱이

나는 나를 모르는 곰탱이 곰탱이 미련 곰탱이
나라는 나를 보고 듣는 그거라고 보여주듯 일러줌에
동문서답 일관하는 곰탱이 곰탱이 미련 곰탱이
그러므로 성현들의 천하태평 무릉도원 못 누리고
고생고생 살아가는 곰탱이 곰탱이 미련 곰탱이
그런 삶을 면하려면 나라는 나를 깨달아라
자상하게 이끈 말씀 이행 못한 곰탱이 곰탱이 미련 곰탱이
귀천 없이 이끌어서 선 자리가 안양낙원 되게 하신
말씀을 이행 못한 곰탱이 곰탱이 미련 곰탱이
궁전 낙을 저버리시고 고행 수도 다하셔서
나란 나를 깨침으로 영생의 낙원으로 이끄셨네
이 기회를 놓친다면 다시 만나기 어려웁고 어려우니
칠야삼경 봉화 같은 그 지혜의 광명 받아
각자 것이 되게 하란 그 말씀을
실행 못한 곰탱이 곰탱이 미련 곰탱이
그 지혜의 이끔 받아 각자 경지 이러-히 되는 날엔
백사 만사 무엇이든 뜻대로 이뤄진다 권한 말씀
실행 못한 곰탱이 곰탱이 미련 곰탱이
눈앞의 그 작은 것 좇다가 영원한 삶의 낙 놓치지 않으려면
나란 나를 꼭 깨달으란 귀한 말씀
실행 못한 곰탱이 곰탱이 미련 곰탱이
금구 성언 귀담아듣지 않고 흘려듣다간
백 년도 못 채운 후회막심 삶 되리니
새겨듣고 새겨들어 실천하란 그 말씀
실행 못한 곰탱이 곰탱이 미련 곰탱이
실천하여 깨닫고 박장대소 하는 날엔
삼세 성현 모두모두와 곰탱이 곰탱이가
누리 안은 광명 놓네 누리 안은 광명 놓아 삼창을 할 거라네

🌸 부처님의 말씀

부처님 말씀은 하나하나 자비더라
그러기에 불자들은 온화하고 선하더라
부처님 가르치는 이치는 흐르는 물이고
서늘한 산바람이며 봄꽃 향기요
심금을 울리는 연주요 노래요
포근한 어머니의 사랑이더라
바다처럼 넓고 넓은 자비의 품이더라
포근하고 온화한 그 가르침 하나하나
이치에 어긋남이 없으신 진실이더라
모두모두 다 함께 우리 모두 닮자구요
모두모두 다 함께 우리 모두 닮자구요
모두모두 다 함께 우리 모두 닮자구요
어쩌다 어쩌다 이런 가르침을 만났는지
이 다행 이 요행 헛되이 하지 않아
이 생에 깨달아서 이 크고 큰 은혜
갚는 일에 소홀하지 않으리라
감사합니다 감사합니다 우리 부처님
당신의 후예들마저도 유일하게
전쟁 같은 일들은 일으키지 않습니다
사랑하라 하면서 용서하라 하면서
사람이 사람을 죽이는 일
파리 목숨 취급하듯 하는 일이
있어서야 되겠습니까
혹시라도 이런 일이 종교에 있어서는
절대로 안 되는 일이라 믿습니다
관세음보살 나무아미타불
우리 모두 서로가 서로를 아끼고
사랑합시다 사랑합시다 사랑합시다

🌸 즐겁게 살자

나를 찾아 행복을 찾아
내면 향한 명상으로 비춰보며
오늘도 최선을 다한 하루해가 져가네
노을빛 곱게 물이 들고 내 꿈도 이뤄져간다
생각만 하여도 보람찬 미소를 짓는다
세상만사 별것이더냐
서로서로 도와가며 살면서
틈틈이 내면 향한 명상으로
몸 건강 마음 건강 챙기며 사노라면
참나 깨친 박장대소도 짓고
세상 고별 마음대로 하는 날도 있을 걸세
그런 날을 기대하며 일하고 명상하며
하루하루 즐겁게 살자

🌸 행복이란

즐거웁게 즐겁게
살아가면 좋잖아
한 번뿐인 인생인데
모두 활짝 웃어요
신이 나게 웃어요
행복이란 돈과 직위에
있는 것 아니라네
행복이란 그 어떤 마음으로
사느냐에 있다네
다 같이 다 같이 웃어들 봐요
그 웃음 타고 행복이 오네
짧은 인생살이 이렇게
만들어가며 살아들 보세

두고두고 할 일

아미타불 사유를 깊이깊이 하여서
하늘땅 생긴 이래 오늘에 이르도록
크나큰 은산철벽 너머 일처럼
까마득히 모르던 나를 깨달았으나
모양 빛깔 없어서 쥐어줄 수도
보여줄 수도 없는 일이라서
입은 옷 뒤집어 보이듯 못하니 한이구나
그러나 보고 듣고 하는 바로 그것이니
마음눈을 활짝 열어 듣는 그곳 향해 살펴봐요, 살펴봐
하늘땅이 간 곳 없고 자신까지 사라진 데서
듣고 아는 그것 내가 아니던가
깊이깊이 참구해서 참나 찾아 결정신을 내리게나
다생겁의 윤회 중에 몸종 노릇 허사란 걸 경험하지 않았던가
그 깨달음에 비추어 세상 일에 응해가며
보림수행하는 일에 방심하지 않아서
구경각을 성취 후에 모든 류를 구제해서
큰 불은 갚음만이 두고두고 할 일일세, 두고두고 할 일일세

화엄의 세계

1. 각자 마음 깨닫고 봐요
누리 그 모두가 장엄이네 장엄, 빛의 장엄
어느 하나 마음의 장엄 아닌 게 없네, 없어
다함 없고 끝이 없는 보고 듣는 마음 하나 바로 쓰면
이대로가 무릉도원 화엄의 세계로세

2. 보고 듣고 느끼고 생각하는
그 모든 것 장엄이네 장엄, 빛의 장엄
어느 하나 빛의 장엄 아닌 게 없네, 없어
다함 없고 끝이 없는 보고 듣는 마음 하나 바로 쓰면
이대로가 화장세계 장엄의 세계로세

일체유심조

듣는 나를 내가 보니
바탕 없는 그 몸에

함께 이뤄 누립시다
함께 이뤄 누립시다

(아리랑 후렴)

손에 손을 서로잡고
함께 누린 삶으로써

갖은 묘용 지녀 있어
오고 감은 물론이요

어화둥둥 좋고 좋아
얼씨구나 좋고 좋다

전능으로 베풀어서
모두 함께 즐겨가며

일상이 된 이런 삶이
맘이 나 된 결과로세

일체 모두 지어내고
그걸 또한 응용하여

이 마음이 내가 된 삶
이렇게도 상상밖에

후세들을 깨우는 낙
함께 하는 삶이니

이런 일을 아니하고
그 무엇을 할것인가

자유자재 그 능력
못하는 것 하나 없네

달라질 수 있을까-
너무나도 달라져서

이 아니들 좀도 좋고
얼씨구나 좋고 좋다

모두 모두 맘이 나된
그 일 실천 꼭 하여서

온 누리에 펼쳐놓고
어울려 누려사세

내자신이 놀라웁고
놀라워서 뭐라못해

이 능력과 이 힘이면
온 세상을 바꿔 놓는

태평세월 함께 누린
그런 삶을 누려보세

이리 좋은 자기능력
전혀 몰라 헤매이는

조용하고 차분함 속
이 즐거움 말로 못해

그 어떠한 일이라도
어려울게 뭐 있으리

얼씨구나 좀도 좋고
절씨구나 좋고 좋다

세상 사람 갖은 고통
몸종 노릇 결과이니

온 누리를 선 자리서
볼 수 있는 능력이여

뜻있으면 길이 있고
길있으면 하면 되는

(아리랑 후렴)

마음 나된 삶으로써
억겁 굴레 벗어나서

과거일을 알 수 있고
미래일을 예감하는

이리 좋은 그 방법이
맘이 나된 그거로세

맘이 지닌 능력회복
한시 빨리 이루어서

지혜능력 갖춰있어
실수란 것 없는 삶-

이리 좋은 길을 두고
안할 사람 뉘 있으리

영원한 본래 삶을
같이 누려 살아 가세

꿈 세계도 창조하는
모두 지닌 능력이니

이 일만이 길이길이
행복누릴 길이로세

(아리랑후렴)

뜻 있으면 가능하니
이 아니 전능한가

넓고 넓은 누리 정원
펼쳐 놓고 모두 함께

내 마음 내가 된 삶

내 마음 내가 된 삶
모두들 살아봐요

신기하고 신기하다
신기하고 신기해
(세번 반복)

내 마음 내가 되니
영원한 삶이로세

신기하고 신기하다
신기하고 신기해
(세번 반복)

내 마음 내가 되니
안되는 일 없구나

신기하고 신기하다
신기하고 신기해
(세번 반복)

(아리랑 후렴)

꿈 세계도 창조한데
무엇인들 안될건가

신기하고 신기하다
신기하고 신기해
(세번 반복)

원근거리 상관없이
동시에 이르르니

신기하고 신기하다
신기하고 신기해
(세번 반복)

산하석벽 걸림 없이
자유로이 오고가니

신기하고 신기하다
신기하고 신기해
(세번 반복)

(아리랑 후렴)

상대방의 마음도
읽어낼 수 있으니
그 아니 신기한가

신기하고 신기하다
신기하고 신기해
(세번 반복)

과거 현재 미래 일을
앞 일처럼 아는 능력

신기하고 신기하다
신기하고 신기해
(세번 반복)

내 마음 내가 되면
이런 자유 누려사니
그 아니 신기한가

신기하고 신기하다
신기하고 신기해
(세번 반복)

온 누리의 모든 사람
이 행복을 같이 누려
살아들 봅시다

신기하고 신기하다
신기하고 신기해
(세번 반복)

아리랑 아리랑 아라리요
아리랑 고개로 넘어간다

좀도 좋다

듣는 나를 알지 못해
생활하는 그 가운데
알고파서 명상한데

어허 참말 이럴수가
창피하고 창피하다
창피하고 창피해-

듣는 그 곳 살펴보면
허공처럼 텅텅비어
어찌해야 옳을지를

어허 참말 이럴수가
창피하고 창피하다
창피하고 창피해-

허공처럼 비었으나
그게 듣고 대답하니
그게 바로 내 아닐까

어허 참말 이럴수가
창피하고 창피하다
창피하고 창피해-

그러다가 깨달으니
나고 죽음 본래없는
온통 온통 나로구나

얼씨구야 절씨구야
좀도 좋고 좀도 좋다
좀도 좋고 좀도 좋아

맘이 나 된 삶을 사니
낙원 따로 없는 것을
멍청하게 살았구려

얼씨구야 저절시구
좀도 좋고 좀도 좋다
좀도 좋고 좀도 좋아

꿈의 세계 창조했던
그 능력은 오직 하나
맘이 나된 때문일세

얼씨구야 저절시구
좀도 좋고 좀도 좋다
좀도 좋고 좀도 좋아

이 마음이 내가 되니
천리 만리 시차없고
아니된 일 전혀 없네

얼씨구야 저절시구
좀도 좋고 좀도 좋다
좀도 좋고 좀도 좋아

낙원의 삶 이 아닌가
영원의 삶 이 아닌가
맘이 나 된 삶을 사세

얼씨구야 저절시구
좀도 좋고 좀도 좋다
좀도 좋고 좀도 좋아

그 말씀

1. 님들의 고구정녕 그 말씀 맘에 새기세
그러면 오는 날엔 행복을 누리며
이웃들을 도우며 살리
개미처럼 개미처럼 개미처럼
개미처럼 개미처럼 개미처럼
개미처럼 개미처럼 개미처럼
이것저것 논하려 하지 말고 서로가
서로를 도와 세상을 이끄는 데 노력하면
이 세상의 그 어떠한 일일지라도
못 이룰 일 없을 것일세
꿀벌처럼 꿀벌처럼 꿀벌처럼
꿀벌처럼 꿀벌처럼 꿀벌처럼
꿀벌처럼 꿀벌처럼 꿀벌처럼

2. 님들의 가르침을 실행한 덕으로써
마음에 갖추어진 갖가지 능력을
부려 써서 누리는 삶을
개미처럼 개미처럼 개미처럼
꿀벌처럼 꿀벌처럼 꿀벌처럼
더불어 함께하면 별유천지 눈앞에 일이로세
이 모든 것이 참고 참아 극복해 이겨냈던
그 공덕의 결실이로세 그 공덕의 결실이로세
구름위의 백학처럼 구름위의 백학처럼 구름위의 백학처럼
함께누려 살아가세 함께누려 살아가세 함께누려 살아가세

웃고 살자

1. 아하하하 우습다 아하하하 우스워
제 그림자 모르고 저라 하는 사람 보고 아니 웃고 울랴
아하하하 우습다 아하하하 우스워(3번 반복)
여섯 도적 종노릇에 헌신하는 사람 보고 아니 웃고 울랴
아하하하 우습다 아하하하 우스워
저승세계 코앞인데 대비 없는 사람 보고 아니 웃고 울랴
아하하하 우습다 아하하하 우스워(3번 반복)
참나 찾지 아니하고 허송하는 사람 보고 아니 웃고 울랴
아하하하 우습다 아하하하 우스워(3번 반복)
아리랑 아리랑 아라리요
아리랑 고개를 넘어간다
나를 버리고 가시는 님은
십 리도 못 가서 되돌아온다

2. 즐겁고도 즐겁다 즐겁고도 즐거워(3번 반복)
좋은 인연 있었던가 거룩한 이 만나서 참나 찾은 이 행운이
즐겁고도 즐겁다 즐겁고도 즐거워(3번 반복)
이 행운을 나 혼자서 누리기에 아쉬워 인도하려 나섰는데
아리랑 아리랑 아라리요 아리랑 아리랑 아라리가 났네
즐겁고도 즐겁다 즐겁고도 즐거워(3번 반복)
영원한 나 찾음으로 한순간에 성취한 낙원의 삶 권하나니
즐겁고도 즐겁다 즐겁고도 즐거워(3번 반복)
우리 모두 다 함께 얼싸안고 누리는 그런 세상 노력하세
즐겁고도 즐겁다 즐겁고도 즐거워(3번 반복)
아리랑 아리랑 아라리요
아리랑 고개를 넘어간다
청천 하늘엔 잔별도 많고
이내 가슴엔 희망도 많다

🌸 서로서로 나누면서

버들 푸르고 꽃 만발하고 나비 춤이더니
녹음이 우거지고 매미들의 노래 가득한 천지
울긋불긋 고운 단풍 어제인 듯한데 눈이 오네
우리 모두의 삶 저러하고 저렇지 않던가
보기도 아까웁고 소중한 형제 자매들이니
서로서로 나누면서 짧은 우리네 삶을 즐김으로 살아가세

🌸 사람 사는 이치

이 세상 사람들 사는 것
농부들 농사를 짓는 것과
조금도 다를 바 없는 이치이니
여러분 귀 기울여 들어보시오
얼씨구나 좋네 지화자 좋네 아니아니 그러한가

봄이 되면 깊이깊이 간직해 둔 씨곡식을
꺼내다 땅을 파고 다듬어서 골을 파고 뿌린 후에
오뉴월 쩜더위에 구슬땀을 흘리면서
김을 매어 가꾸는 것은 엄동설한 추운 날에
사랑하는 부모님과 아내 자식들 모두
잘 지내게 하려는 깊은 뜻에서라네
얼씨구나 좋네 지화자 좋네 아니아니 그러한가

어떤 이가 말을 하기를 늘 현재만을 즐겁게 살자
강변함을 보았는데 좋은 말이기는 하지만
그 말은 자칫하면 희망이 없는 잘못된 말이라네
그러므로 내일을 위하여 오늘의 어려움을 즐기면서
밝게밝게 살아갑시다
얼씨구나 좋네 지화자 좋네 아니아니 그러한가

불법 공부

1. 이 세상 사는 분들게
권하오니 나를 찾는
이뭐꼬 화두 공부를
곰곰이 챙기고 챙겨
쉬지 않고 하다보면
하늘땅도 흔적 없이
사라지고 몸 없는 내가
환한 웃음 짓는 날이
있을테니 결정신을
내리어서 우리 함께
길이길이 누립시다

2. 불법 만난 이 다행을
그 무엇과 비교하랴
이 다행을 만났을 때
최선 다한 실행으로
금생에서 크게 깨쳐
불보살님 칭찬 받는
오후보림 필히 마쳐
중생 다한 그때까지
님의 은혜 갚을 것을
굳은 의지 맹서로써
다짐하고 다짐하세

3. 때가 없고 장소 없이
뜻을 따라 이뤄지는
이리 좋은 세상살이
본래부터 갖춰짐을
누리는 삶 우리 모두
일심동체 그리 되어
이 생 저 생 할 것 없이
얼씨구나 절씨구나
노래하고 춤도 추며
천생만생 누립시다
길이길이 누립시다

좋구나

좋구나
이곳이 어때서
낙원에 장소가 있나요

마음이 착하면
선 곳이 무릉도원
이런 삶이 참 삶이라네

미소를 지으며
손에 손을 잡고서
태평가를 모두들 불러요

우리들 이렇게 서로 만나 사는 것
백겁천생 인연이라네

세월아 맞춰라
내 즐기고 즐기며
함께하는 이들에게 위로를 하려네

나는 바보

나는 바보다 나는 바보야
역지사지 알다보니 바보가 되었네
그렇지만 내 주위는 언제나 웃음이 있고
나눔이 있어 행복하다네
나는 나는 그런 바보야
나는 나는 그런 바보야

영원한 행복 찾기 불법

1. 사람 사람마다
지닌 그 마음이
내가 된 삶으로
살아 가노라면
자연 알게 되네

둥글고 둥글게
모남없이 살자
(세번 반복)

마음 먹은대로
하고 싶은대로
척척 이뤄지고
꿈을 창조하던
능력 부린 날도
멀지 않으리니

둥글고 둥글게
모남없이 살자
(세번 반복)

노력 실천 다해
영원한 삶으로
영원한 행복을
함께 누려보세
함께 누려보세

둥글고 둥글게
모남없이 살자
(세번 반복)

2. 사람 사람마다
맘을 깨달아서
맘이 내가 되면
평등 그 자체라
자연인이 되어

둥글고 둥글게
모남없이 살자
(세번 반복)

서로 어울려서
나눈 인간미들
행복 그 자체며
오간 말들마다
온화한 그 체취

둥글고 둥글게
모남없이 살자
(세번 반복)

차별없는 베풂
풍족한 맘이고
가족같은 일상
낙원의 이 삶을
함께 누려보세
함께 누려보세

둥글고 둥글게
모남없이 살자
(세번 반복)

불법은 내게 있어
첫째도 둘째에도
내 삶의 이유이고
내 삶의 온통이며
마음의 광채이고
마음의 자비이며
자비의 실천이고
자비의 일상이며
희망의 꽃밭이고
희망의 피안이며
서원의 동력이고
서원의 자산이며
모두의 태평이고
모두의 영원일세

🌸 금강의 노래 1

일 없는 경지인 부처님, 중생 위해
한순간도 쉼 없이 일심전력 쏟으시네.

사위국 기수급고독원서 1250명의 비구
들과 계실 때 세존께서 공양 때가 되자
가사 입고 발우 들고 사위성에 들어 차
례차례 비신 후에 본 곳에 오셔 드시고
가사 발우 거둔 다음 발 씻고 자리 펴 앉
으셨네.
이때 장로 수보리 대중 가운데 있다가
자리에서 일어나 오체투지로 앉아 공경
히 합장하고 부처님께 여쭙기를
"희유합니다. 세존이시여. 모든 수행하
는 보살들에게 잘 생각하여 지키게 하시
고 잘 부촉하셨습니다. 그러나 세존이시
여 아뇩다라삼먁삼보리 마음을 내어 어
떻게 머무르며 어떻게 그 마음을 항복시
켜야 합니까?"
"착하고도 착하구나. 수보리야. 네가
말한 대로 여래는 모든 보살들이 잘 생
각하여 지키게 하였고 모든 보살들에게
잘 부촉하였다. 그러나 제삼 청하니 너
희들은 자세히 듣거라. 그대들을 위해
일러주리라.
선남자 선여인들이여, 아뇩다라삼먁삼
보리 마음을 내어 마땅히 이러-히 머물
고 이러-히 그 마음을 항복시켜야 하니
라."

금구성언 말씀대로 실천 다해
내 기어이 성취하여 구류 구제
최선 다해 큰 은혜를 보답하리

"그러하오나 세존이시여, 정말 그렇습
니다만 바라옵건대 보다 더 자세히 듣고
자 하나이다."
부처님께서 수보리에게 말씀하시기를
"모든 보살마하살은 마땅히 이러-히 그
마음을 항복시켜야 하니라. 내가 모든
중생들인 아홉 가지 무리들을 모두 남김
없이 열반에 들게 하여 이러-히 한량없
고 수없고 끝없는 중생을 멸도해서는 진
실로 멸도 얻은 중생이 없어야 하니라.
왜냐하면 수보리야 만일 보살이 아상,
인상, 중생상, 수자상이 있다면 곧 보살
이라 할 수 없기 때문이다.
수보리야, 보살은 마땅히 법에도 머무
름 없이 보시를 해야 하는 것이니 색에
머무름 없이 보시를 해야 하며, 소리나
향기나 맛이나 촉감이나 법에도 머무름
없이 보시를 해야 하니라.
수보리야, 마땅히 보살은 이러-히 보시
를 하여 모든 상에 머무름이 없어야 하
는 것이니, 만약 보살이 상에 머무름 없
이 보시를 하면 그로 인한 복덕은 생각
으로 헤아릴 수 없느니라. 왜냐하면 끝
없는 미래에 누리기 때문이니라.
그대는 어떻게 생각하느냐? 몸과 모
양으로 여래를 볼 수 있겠느냐, 없겠느
냐?"
"볼 수 없습니다. 세존이시여. 몸과 모
양으로는 여래를 볼 수 없습니다. 왜냐
하면 여래께서 말씀하신 몸과 모양은 곧
몸과 모양이 아니기 때문입니다."

"수보리야, 무릇 있는 바 상이 모두 허망하다고들 하나 만약 모든 상이 상 아님을 보면 바로 여래를 본 것이니라."

금구성언 말씀대로 실천 다해
내 기어이 성취하여 구류 구제
최선 다해 큰 은혜를 보답하리

수보리가 부처님께 여쭈었다.
"이상과 같은 말씀을 듣고 참답게 믿음을 낼 중생이 있겠습니까?"
"수보리야, 그런 말을 말라. 내가 열반한 뒤 오백 세가 지난 후라도 계행을 갖추고 복을 닦는 사람이 있어서 이 글귀에 능히 믿는 마음을 내어 이로써 참다움을 삼을 것이니라.
마땅히 알라. 이 사람은 한 부처님, 두 부처님, 세 부처님, 네 부처님, 다섯 부처님에게만 선근을 심은 것이 아니라 이미 한량없는 천만 부처님 처소에서 선근을 심었기에 이 글귀를 듣고 지극한 한 생각에 깨끗한 믿음을 내니라."

금강반야바라밀
금강반야바라밀
금강반야바라밀

금구성언 말씀대로 실천 다해
내 기어이 성취하여 구류 구제
최선 다해 큰 은혜를 보답하리

금강의 노래 2

일 없는 경지인 부처님, 중생 위해
한순간도 쉼 없이 일심전력 쏟으시네.

수보리가 부처님께 여쭈었다.
"세존이시여, 부처님께서 아뇩다라삼먁
삼보리를 얻으셨다 하나 얻은 바 없습니
다."
"그렇고 그렇다 수보리야. 나에게는 아
뇩다라삼먁삼보리나 그 어떤 조그마한
법도 얻음이 없으니 이를 이름하여 아뇩
다라삼먁삼보리라 하니라.
수보리야 이 법은 평등하여 높고 낮음이
없기에 이를 이름하여 아뇩다라삼먁삼보
리라 하니라. 아도 없고, 인도 없고, 중
생도 없고, 수자도 없이 모든 선법을 닦
아야 곧 아뇩다라삼먁삼보리를 얻느니
라.

금구성언 말씀대로 실천 다해
내 기어이 성취하여 구류 구제
최선 다해 큰 은혜를 보답하리

수보리야 선법이라고 말한 것도 여래가
곧 선법도 아닌 이것을 이름하여 선법이
라 할 뿐이니라.
수보리야 만일 어떤 사람이 삼천대천세
계 가운데 있는 모든 수미산왕만 한 일
곱 가지 보배 무더기로 보시한다 해도
이 반야바라밀경의 네 글귀 게송만이라
도 받아 지녀 읽고 외워서 다른 사람을
위하여 설하여 주는 이가 있다면 앞에서
일곱 가지 보배로 보시한 복덕으로는 백

천만억의 일에도 미칠 수 없느니라.
왜냐하면 그 복덕은 끝없는 미래에 누리
기 때문이니라.

다른 사람을 위하여 어떻게 말하여 주겠
느냐?
취할 상이란 것도 없으니 이러-하고 이
러-해서 움직임이 없도록 하라.
왜냐하면 모든 함이 있는 법은 꿈 같고,
허깨비 같고, 물거품 같고, 그림자 같으
며, 이슬 같고, 번개 같아서 마땅히 이
러-히 보아야 하기 때문이니라.

금구성언 말씀대로 실천 다해
내 기어이 성취하여 구류 구제
최선 다해 큰 은혜를 보답하리

🌸 반야의 노래

일 없는 경지인 부처님, 중생 위해
한순간도 쉼 없이 일심전력 쏟으시네

내면 향해 비춰보는 지혜로써 이 몸 공함 바로 보아
나고 죽는 모든 괴로움 벗어나신 관자재의 말씀
들어보오

색이라 하나 공과 다르지 아니하고
공이라 하나 색과 다르지 아니하여
색 그대로 공이고, 공 그대로 색이며
받는 것, 생각하는 것, 행하는 것, 분별도 그렇다네

모든 법의 상도 또한 공했나니
나고 죽음 본래 없고 더럽지도 깨끗지도 아니하며
늘지도 줄지도 않는다네

금구 성언 옳은 말씀
수행이란 힘이 들어도
고비 넘겨 이뤄만 봐요
더 없는 행복을 이루네

공 가운데 색 없어서, 받는 것, 생각하는 것, 행하
는 것, 분별도 없고
눈과 귀와 코와 혀, 몸과 뜻도 없고
빛과 소리, 향기와 맛, 닿는 것과 법도 없어
눈으로 볼 경계 없어 뜻으로 분별할 경계도 없고
무명 없고 무명 다함 또한 없다시네
그러므로 늙고 죽음 없고, 늙고 죽음 다한 것도 본
래 없어
고와 집과 멸과 도도 없다 하고
지혜도 없고 또한 얻음마저 없으니, 얻을 바 없는
까닭이라네

금구 성언 옳은 말씀
이 경지가 힘이 들어도
굽이 넘겨 이뤄만 봐요
영원한 행복을 이루네

보살님들 반야바라밀다를 의지하는 까닭으로
마음에 걸림 전혀 없고
걸림 없는 까닭으로 두려움이 전혀 없어
엎어지고 거꾸러진 꿈결 같은 생각들이
전혀 없어 마침내 열반이라네

삼세 모든 부처님도 지혜로써 저 언덕에 이르
름을 의지한 고로
무상정변정각 이뤘나니 그러므로 알지어다
반야바라밀다는 이러-히 크게 신령한 주며 이
러-히 크게 밝은 주며
이러-히 위없는 주며 이러-히 차별 없는 차별
하는 주라
능히 모든 괴로움을 없앤다 함 진실이지 거짓
없네

아제 아제 바라아제 바라승아제 모지 사바하
아제 아제 바라아제 바라승아제 모지 사바하
아제 아제 바라아제 바라승아제 모지 사바하

금구 성언 옳은 말씀
이 경지를 최선을 다해
이룬다면 끝없는 삶에
영원한 행복을 이루네

치유의 노래

요즈음의 우울증과 가지가지 신경성 질환에 시달리는 사람들
세상에서 들리는 저 모든 소리들을
나의 내면에서 듣는 곳을 향해 비춰보오
쉬운 일은 아니지만 포기하지 않고
듣는 곳을 향해 보고 또 보는 것을
하루 이틀 한 달 두 달 지속하다 보면
어느 날 밖이 없는 고요를 체험하게 될 것일세
얼씨구나 좋네 지화자 좋네 아니아니 그러한가

그 고요를 지속하도록 노력하노라면
어느 날 대상 없는 미소와 동시에 편안함을 체험하게 될 것일세
밖이 없는 이 고요의 편안함을 즐기다 보면
어느 날 밖의 어느 인연을 맞아 그 실체인 자신을 발견할 것일세
이 실체를 발견한 뒤 세상을 살아가는 과정에서
어려운 일이 있으면 바로 그 실체에 비춰 보게
그 어려운 것들이 사라지고 밖이 없는 고요로운 실체의 자신이
대상 없는 미소를 짓게 될 것일세
얼씨구나 좋네 지화자 좋네 아니아니 그러한가

효

1. 아들 딸이 귀엽고 사랑스런 그 속에 우리들의 부모님
어려움에도 끝내 가르치고 기른 정 이제 읽으며
늦은 눈물로써 불초를 뉘우치며 맹세하고 다짐하는
아들 딸이 여기 있으니, 건강히 오래만 사시기를
손 모아 손을 모아 간절하게 바라고 또 바라는
기도를 하옵니다 부모님 입이 귀에 걸리시게 할 겁니다

2. 어렵고도 어려운 보릿고개 그 속에 우리들을 먹이고
가르치느라 정말 그 얼마나 고생이 되셨습니까
허리 두 끈으로 졸라맨 아픔으로 사셨죠
정말정말 오래도록 건강하게만 계셔주신다면
아들 딸을 낳으시고 길러주신 그 노고에 크게 보답할 겁니다
아버님 어머님의 입이 귀에 걸리시게 할 겁니다

내 말 좀 들어봐요

모두모두 내 말 좀 들어봐요
이 몸이 내가 아니라 이 마음이 나 아닌가
살아가는 생활 속에 명상을 하여
이 맘 찾아 나를 삼아 살아를 봐요
모든 속박 모든 괴롬 벗어나는 아주 좋은 일이니
이제라도 안 늦으니 명상으로 뜻 이루어
영원한 생명, 영원한 행복 우리 모두 누려들 보세
사막화를 막고 사막 경영 시대를 열자

사막화로 급속히 변해가는 이 지구를
방치해선 아니 되네 방치하면
지구가 생긴 이래 최악의 상태 됨은
불을 보듯 뻔한 일일세, 하지만

육십 억의 온 인류가 한 마음 한 뜻 되어
황무지는 돌나물로 푸른 초원 만들고
확장되는 사막화를 배수관의 바닷물로 막는다면
지구가 생긴 이래 가장 살기 좋은 시대를
인류는 맞을 걸세

아리랑 아리랑 아라리요
아리랑 고개를 넘어간다
청천 하늘엔 잔별도 많고
이내 가슴엔 희망도 많다

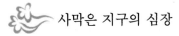 ## 사막은 지구의 심장

21세기는 사막 경영 시대를 열어
연구에 노력을 다한다면
지상 낙원이 인류에게 달려와서 맞을 걸세

육십 억의 온 인류가 손에 손잡고 한 뜻 되어
사랑하는 마음으로 역경을 헤쳐 나가
사막화를 막고 황무지를 초원으로
살기 좋은 지구촌을 이뤄보세
살기 좋은 지구촌을 이뤄보세

아리랑 아리랑 아라리요
아리랑 고개를 넘어간다
청천 하늘엔 잔별도 많고
이내 가슴엔 희망도 많다

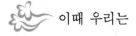 ## 이때 우리는

1. 화산의 폭발로 해서 사람들과 모든 것이 용암펄로 화해버린
이 막막한 우리들을 올바르게 영원으로 끌어주실
성인 중의 성인이신 불보살님 나라에 가 나는 게 꿈이네

2. 태풍이 인가를 덮쳐 다정했던 이웃들은 간 곳 없고
어지러운 벌판 되어 처참하고 참담하기 그지없는 무상한
이 현실에 의지할 분, 생명 밝혀 영원케 한 부처님 뿐이네

3. 지진이 우리의 삶을 삼켜버려 초토화가 되어버린
허망하기 그지없는 우리들의 현실에선 사방천지 둘러봐도
의지해야 할 분은 자신 깨쳐 누리라 한 부처님 뿐이네

잘 사는 비결  만들자

참지 못한 결과는 어려움이 닥치고
참고 참는 결과는 좋은 일이 온다네
친구들아 모든 일 힘을 합쳐 맞으면
못 이룰 일 없지만
니 떡 너 먹고 내 떡 나 먹는 그럼 마음 쓴다면
될 일도 아니 된다네
우리 서로 뜻을 합쳐 모두모두 잘 살아보세
이미 이룬 과학문명 선용을 해서 용맹심을 내어
모든 일에 임한다면 행복이 줄을 서서 올 걸세
아리랑 아리랑 아라리요
아리랑 고개를 넘어간다
청천 하늘엔 잔별도 많고
이내 가슴엔 희망도 많다

용서한 결과로는 웃는 날을 맞이하고
베푼 뒤엔 참 좋은 이웃들이 생기네
친구들아 서로들 힘을 합쳐 임하면
못할 일이 없지만
니 떡 너 먹고 내 떡 나 먹는 그런 마음 쓴다면
될 일도 아니 된다네
오늘부터 뜻을 합쳐 우리 한번 잘 살아보세
이미 이룬 과학문명 선용을 해서 용맹심을 내어
모든 일에 임한다면 행복이 줄을 서서 올 걸세
아리랑 아리랑 아라리요
아리랑 고개를 넘어간다
청천 하늘엔 잔별도 많고
이내 가슴엔 희망도 많다

1. 빌딩숲의 실외기 열
오고가는 차 배기가스
사람소리 기계소리를
원림 속의 새소리와
개울소리 미풍소리
그것으로 만들자 만들자 만들자

2. 이익 따져 주고받는
설왕설래 어지러움
높고 낮은 금속음들을
매미소리 물소리와
노래하는 환경으로
우리 함께 만들자 만들자 만들자

3. 하늘 맑고 별이 빛난
조용하고 시상 뜨는
그런 환경 거닐면서
손에 손을 마주 잡고
노래하는 세상으로
우리 함께 만들자 만들자 만들자

정직하고 착한 마음

1. 정직하고 착한마음
우리모두 실천하면

먼저 가정 화평하고
웃음 꽃에 향내나며

이웃간에 믿음 깊어
서로 소통 이뤄져서

나라위한 일이라면
솔선수범 모두하고

서로 믿는 사회여서
안되는 일 없을걸세

서로 믿고 웃는 사회
우리 모두 힘 모아서
낙원 나라 이뤄내어
세계 이끈 나라 되세

2. 정직하고 착한 행동
우리 모두 실천하면

믿는 마음 두려워져
서로서로 돕게 되고

그리되면 힘 모아서
일일마다 쉬 이뤄져

앞서가는 나라되고
대접받는 국민되어

곳곳에서 우러르는
그런 국민 될 것일세

서로 믿고 웃는 사회
우리 모두 힘 모아서
낙원 나라 이뤄내어
세계 이끈 나라되세

3. 이런 마음 이런 행이
우리 조상 바탕이니

우리 국민 이뤄내어
봉화적인 나라로써

지구촌을 낙원으로
이뤄내는 나라되어

가는 곳곳 두르르는
그런 국민 그런 나라

그런 조상 그런 사상
꽃 피우는 국민 되세

서로 믿고 웃는 사회
우리 모두 힘 모아서
낙원 나라 이뤄내어
세계 이끈 나라 되세

도서출판 문젠(Moonzen Press)의 책들

1. 바로보인 전등록 (전30권을 5권으로)

7불과 역대 조사의 말씀이 1,700공안으로 집대성되어 있는 선종 최고의 고전으로, 깨달음의 정수가 살아 숨쉬도록 새롭게 번역되었다.
464 464 472 448 432쪽.
각권 18,000원

2. 바로보인 무문관

황룡 무문 혜개 선사가 저술한 공안집으로 전등록, 선문염송, 벽암록 등과 함께 손꼽히는 선문의 명저이다.
본칙 48개와 무문 선사의 평창과 송, 여기에 역저자인 대원 선사의 도움말과 시송으로 생명과 같은 선문의 진수를 맛보여 주고 있다.
272쪽. 12,000원

3. 바로보인 벽암록

설두 선사의 설두송고를 원오 극근 선사가 수행자에게 제창한 것이 벽암록이다.
이 책은 본칙과 설두 선사의 송, 대원 선사의 도움말과 시송으로 이루어져, 벽암록을 오늘에 맞게 바로 보이고 있다.
456쪽. 15,000원

4. 바로보인 천부경

우리 민족 최고(最古)의 경전 천부경을 깨달음의 책으로 새롭게 바로 보였다. 이 책에는 81권의 화엄경을 81자에 함축한 듯한 천부경과, 교화경, 치화경의 내용이 함께 담겨 있으며, 역저자인 대원 선사가 도움말, 토끼뿔, 거북털 등으로 손쉽게 닦아 증득하는 문을 열어놓고 있다.

432쪽. 15,000원

5. 바로보인 금강경

대원 선사의 『바로보인 금강경』은 국내 최초로 독창적인 과목을 내어 부처님과 수보리 존자의 대화 이면의 숨은 뜻을 드러내고, 자문과 시송으로 본문의 핵심을 꿰뚫어 밝혀, 금강경 전체를 손바닥 안의 겨자씨를 보듯 설파하고 있다.

488쪽. 15,000원

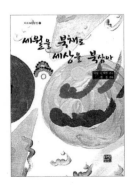

6. 세월을 북채로 세상을 북삼아

대원 선사의 선시가 담긴 선시화집 『세월을 북채로 세상을 북삼아』는 선과 시와 그림이 정상에서 만나 어우러진 한바탕이다.

선의 세계를 누리는 불가사의한 일상의 노래, 법열의 환희로 취한 어깨춤과 같은 선시가 생생하고 눈부시게 내면의 소리로 흐른다.

180쪽. 15,000원

7. 영원한현실

애매모호한 구석이 없이 밝고 명쾌하여, 너무도 분명함에 오히려 그 깊이를 헤아리기 어려운, 대원 선사의 주옥같은 법문을 모아 놓은 법문집이다.

400쪽. 15,000원

8. 바로보인 신심명

신심명은 양끝을 들어 양끝을 쓸어버리는, 40대치법으로 이루어진, 3조 승찬 대사의 게송이다. 이를 대원 선사가 바로 번역하는 것은 물론, 주해, 게송, 법문을 더해 통쾌하게 회통하고 자유자재 농한 것이 이 『바로보인 신심명』이다.

296쪽. 10,000원

9. 바로보인 환단고기 (전5권)

『바로보인 환단고기』 1권은 민족정신의 정수인 환단고기의 진리를 총정리하여 출간하였다. 2권에는 역사총론과 태초에서 배달국까지 역사가 실려 있으며, 3권은 단군조선, 4권은 북부여에서부터 고려까지의 역사가 실려 있다. 5권에는 역사를 증명하는 부록과 함께 환단고기 원문을 실었다.

344 368 264 352 344쪽.

각권 12,000원

10. 바로보인 선문염송 (전30권)

선문염송은 세계최대의 공안집이다. 전 공안을 망라하다시피 했기에 불조의 법 쓰는 바를 손바닥 들여다보듯 하지 않고는 제대로 번역할 수 없다. 대원 선사는 전 공안을 바로 참구할 수 있게끔 번역하고 각 칙마다 일러보였다.

352 368 344 352 360 360 400 440 376 392 384 428 410 380 368 434 400 404 406 440 424 460 472 456 504 528 488 488 480 512쪽 각권 15,000원

11. 앞뜰에 국화꽃 곱고 북산에 첫눈 희다

대원 선사의 선문답집으로 전강·경봉·숭산·묵산 선사와의 명쾌한 문답을 실었으며, 중앙일보의 〈한국불교의 큰스님 선문답〉 열 분의 기사와 기자의 질문에 대한 대원 선사의 별답을 함께 실었다.

200쪽. 5,000원

12. 바로보인 증도가

선종사에 사라지지 않을 발자취로 남은 영가 선사의 증도가를 대원 선사가 번역하고 법문과 송을 더하였다.

자비의 방편인 증도가의 말씀을 하나하나 쳐가는 선사의 일갈이야말로 영가 선사의 본 의중과 일치하여 부합하는 것이라 아니할 수 없다.

376쪽. 10,000원

13. 바로보인 반야심경

이 시대의 야부(冶父)선사, 대원 선사가 최초로 반야심경에 과목을 붙여 반야심경 내면에 흐르는 뜻을 밀밀하게 밝혀놓고 거침없는 송으로 들어보였다.

264쪽. 10,000원

14. 선(禪)을 묻는 그대에게 (전10권 중 2권)

대원 선사의 선수행에 대한 문답집.
깨달아 사무친 경지에 대한 밀밀한 점검과, 오후보림에 대한 구체적인 수행법 제시와, 최초의 무명과 우주생성의 원리까지 낱낱이 설한 법문이 담겨 있다.

280쪽, 272쪽. 각권 15,000원

15. 바로보인 선가귀감

선가귀감은 깨닫고 닦아가는 비법이 고스란히 전수되어 있는 선가의 거울이라 할 만하다. 더욱이 바로보인 선가귀감은 매 소절마다 대원 선사의 시송이 화살을 과녁에 적중시키듯 역대 조사와 서산대사의 의중을 꿰뚫어 보석처럼 빛나고 있다.

352쪽. 15,000원

16. 바로보인 법융선사 심명

심명 99절의 한 소절, 한 소절이 이름 그대로
마음에 새겨두어야 할 자비광명들이다.
이 심명은 언어와 문자이면서 언어와 문자를
초월한 일상을 영위하게 하는 주옥같은 법문
이다.
278쪽. 12,000원

17. 주머니 속의 심경

반야심경은 부처님이 설하신 경 중에서도 절
제된 경으로 으뜸가는 경이다. 대원 선사의
선송(禪頌)도 그 뜻을 따라 간략하나 선의 풍
미를 한껏 담고 있다. 하루에 한 소절씩을 읽
고 참구한다면 선 수행의 지름길이 될 것이
다.
84쪽. 5,000원

18. 바로보인 법성게

법성게는 한마디로 화엄경의 핵심부를 온통
훤출히 드러내놓은 게송이다. 짧은 글 속에
일체의 법을 이렇게 통렬하게 담아놓은 법문
도 드물 것이다.
이렇게 함축된 법성게 법문을 대원 선사가 속
속들이 밀밀하게 설해놓았다.
176쪽. 10,000원

19. 달다 - 전강 대선사 법어집

이제는 전설이 된 한국 근대선의 거목인 전강 선사님의 최상승법과 예리한 지혜, 선기로 넘쳤던 삶이 생생하게 담겨 있는 전강 대선사 법어집 〈 달다 〉!

전강 대선사님의 인가 제자인 대원 선사가 전강 대선사님의 법거량과 법문, 일화를 재조명하여 보였다.

368쪽. 15,000원

20. 기우목동가

그 뜻이 심오하여 번역하기 어려웠던 말계 지은 선사의 기우목동가!

대원 선사가 바른 뜻이 드러나도록 번역하고, 간결한 결문과 주옥같은 선송으로 다시 보였다.

146쪽. 10,000원

21. 초발심자경문

이 초발심자경문은 한문을 새기는 힘인 문리를 터득하게 하기 위하여 일부러 의역하지 않고 직역하였다.

대원 선사의 살아있는 수행지침도 실려 있다.

266쪽. 10,000원

22. 방거사어록

방거사어록은 선의 일상, 선의 누림을 보여주는 대표적인 선문이다. 역저자인 대원 선사는 방거사어록의 문답을 '본연의 바탕에서 꽃피우는 일상의 함'이라 말하고 있다. 법의 흔적마저 없는 문답의 경지를 온전하게 드러내 놓은 번역과, 방거사와 호흡을 함께 하는 듯한 '토끼뿔'이 실려 있다.
306쪽. 15,000원

23. 실증설

이 책의 모태는 대원 선사가 2010년 2월 14일 구정을 맞이하여 불자들에게 불법의 참뜻을 보이기 위해 홀연히 펜을 들어 일시에 써내려간 이 책의 3부이다. 실증한 이가 아니고는 설파할 수 없는 일구 도리로 보인 이 3부와 태초로부터 영겁에 이르는 성품의 이치를 문답과 인터뷰 법문으로 낱낱이 설한 1, 2를 보아 실증하기를…
224쪽. 10,000원

24. 하택신회대사 현종기

육조대사의 법이 중국천하에 우뚝하도록 한 장본인, 하택신회대사의 현종기. 세간에 지해종도로 알려져 있는 편견을 불식시키는 뛰어난 깨달음의 경지가 여기에 담겨있다. 대원 선사가 하택신회대사의 실경지를 드러내고 바로보임으로써 빛냈다.
232쪽. 10,000원

25. 불조정맥 - 韓·英·中 3개국어판

석가모니불로부터 현 78대에 이르기까지 불조정맥진영(佛祖正脈眞影)과 정맥전법게(正脈傳法偈)를 온전하게 갖춘 최초의 불조정맥서. 대원 선사가 다년간 수집, 정리하여 기도와 관조 끝에 완성한 『불조정맥』을 3개국어로 완역하였다.

216쪽. 20,000원

26. 바른 불자가 됩시다

참된 발심을 하여 바른 신앙, 바른 수행을 하고자 해도, 그 기준을 알지 못해 방황하는 불자님들을 위해 불법의 바른 길잡이 역할을 하도록 대원 선사가 집필하여 출간하였다.

162쪽. 10,000원

27. 누구나 궁금한 33가지

21세기의 인류를 위해 모든 이들이 가장 어렵고 궁금해 하는 문제, 삶과 죽음, 종교와 진리에 대한 바른 지표를 제시하고자 대원 선사가 집필하여 출간하였다.

180쪽. 10,000원

28. 108진참회문 - 韓·英·中 3개국어판

전생의 모든 악연들이 사라져 장애가 없어지고, 소망하는 삶을 살게 하기 위해 대원 선사가 10계를 위주로 구성한 108 항목의 참회문이다. 한 대목마다 1배를 하여 108배를 실천할 것을 권한다.

170쪽. 15,000원

29. 달마의 일할도 허락지 않는다

대원 선사의 짧고 명쾌한 법문집.
책을 잡는 순간 달마의 일할도 허락지 않는 선기와 맞닥뜨리게 될 것이다. 때로는 하늘을 찌를 듯한 기세와, 때로는 흔적 없는 공기와도 같은 향기를 일별하기를…

190쪽. 10,000원

30. 마음대로 앉아 죽고 서서 죽고

생사를 자재한 분들의 앉아서 열반하고 서서 열반한 내력은 물론 그분들의 생애와 법까지 일목요연하게 수록해놓았다.

446쪽. 15,000원

31. 화두 3개국어판 - 韓 · 英 · 中

『화두』는 대원 선사의 평생 선문답의 결정판이다. 생생하게 살아있는 선(禪)을 한 · 영 · 중 3개국어로 만날 수 있다. 특히 대원 선사의 짧은 일대기가 실려 있어 그 선풍을 음미하는 데에 큰 도움을 주고 있다.
440쪽. 15,000원

32. 바로보인 간당론

법문하는 이가 법리를 모르고 주장자를 치는 것을 눈먼 주장자라 한다. 법좌에 올라 주장자 쓰는 이들을 위해서 대원 선사가 간당론에서 선리(禪理)만을 취하여 『바로보인 간당론』을 출간하였다.
218쪽. 20,000원

33. 완전한 우리말 불공예식법

부처님께 공양을 올리고 불보살님의 가피를 구하는 예법 등을 총칭하여 불공예식법이라 한다. 대원 선사가 이러한 불공예식의 본뜻을 살려서 완전한 우리말본 불공예식법을 출간하였다.
456쪽. 38,000원

34. 바로보인 유마경

유마경은 가히 불법의 최정점을 찍는 경전이라 할 것이니, 불보살님이 교화하는 경지에서의 깨달음의 실경과 신통자재한 방편행을 보여주는 최상승 경전이다. 대원 선사가 〈대원 선사 토끼뿔〉로 이 유마경에 걸맞는 최상승법을 이 시대에 다시금 드날렸다.
568쪽. 20,000원

35. 실증설
5개국어판 - 韓 · 英 · 佛 · 西 · 中

대원 선사가 불법의 참뜻을 보이기 위해 홀연히 펜을 들어 일시에 써내려간 실증설! 실증한 이가 아니고는 설파할 수 없는 도리로 가득한 이 책이 드디어 영어, 불어, 스페인어, 중국어를 더하여 5개국어로 편찬되었다.
860쪽. 25,000원

36. 누구나 궁금한 33가지
3개국어판 - 韓 · 英 · 中

누구라도 풀어야 할 숙제인 33가지의 의문에 대한 답을 21세기의 현대인에게 맞는 비유와 언어로 되살린 『누구나 궁금한 33가지』가 한글, 영어, 중국어 3개국어로 출간되었다.
408쪽. 15,000원

37. 달마의 일할도 허락지 않는다
3개국어판 - 韓 · 英 · 中

대원 선사의 짧고 명쾌한 법문집인 『달마의 일할도 허락지 않는다』가 한글, 영어, 중국어 3개국어로 출간되었다. 전세계에서 유일하게 활선의 가풍이 이어지고 있는 한국, 그 가운데에서도 불조의 정맥을 이은 대원 선사가 살활자재한 법문을 세계로 전하고 있는 책이다. 308쪽. 15,000원

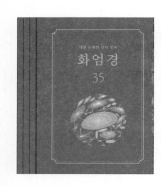

38. 화엄경 (전81권 중 35권)

대원 선사는 선문염송 30권, 전등록 30권을 모두 역해하여 세계 최초로 1,463칙 전 공안에 착어하였다. 이러한 안목으로 대천세계를 손바닥의 겨자씨 들여다보듯 하신 불보살님들의 지혜와 신통으로 누리는 불가사의한 화엄세계를 열어 보였다.

각권 15,000원

39. 법성게 3개국어판 - 韓 · 英 · 中

법성게는 한마디로 화엄경의 핵심부를 훤출히 드러내놓은 게송으로 짧은 글 속에 일체법을 고스란히 담아 놓았다. 대원 선사의 통쾌한 법성게 법문이 한영중 3개국어로 출간되었다.

376쪽. 15,000원

40. 정법의 원류

『정법의 원류』는 불조정맥을 이은 정맥선원의 소개서이다. 정맥선원은 불조정맥 제77조 조계종 전강 대선사의 인가 제자인 대원 전법 선사가 주재하는 도량이다. 『정법의 원류』를 통해 정맥선원 대원 선사의 정맥을 이은 법과 지도방편을 만날 수 있다.
444쪽. 20,000원

41. 바로보인 도가귀감

도가귀감은, 온통인 마음[一物]을 밝혀 회복 함으로써, 생사를 비롯한 모든 아픔과 고를 여의어, 뜻과 같이 누려서 살게 하고자 한 도 교의 뜻을, 서산대사가 밝혀놓은 책이다. 대 원 선사가 부록으로 도덕경의 중대한 대목을 더하고, 그 대목대목마다 결문(決文)하였다.
218쪽. 12,000원

42. 바로보인 유가귀감

유가귀감은 서산대사가 간추려놓은 구절로 서, 간결하지만 심오하기 그지없으니, 간략한 구절 속에서 유교 사상을 미루어볼 수 있게 하였다. 대원 선사가 그 뜻이 잘 드러나게 번 역하고 그 대목대목마다 결문(決文)하였다.
236쪽. 15,000원

출간도서

바로보인 전등록 전 5권
바로보인 무문관
바로보인 벽암록
바로보인 천부경·교화경·치화경
바로보인 금강경
세월을 북채로 세상을 북삼아
영원한 현실
바로보인 신심명
바로보인 환단고기 전 5권
바로보인 선문염송 전 30권
앞뜰에 국화꽃 곱고 북산에 첫눈 희다
바로보인 증도가
바로보인 반야심경
선을 묻는 그대에게 1·2
바로보인 선가귀감
바로보인 법융선사 심명
주머니 속의 심경
바로보인 법성게
달다 -전강 대선사 법어집
기우목동가
초발심자경문
방거사어록

실증설
하택신회대사 현종기
불조정맥 - 한·영·중 3개국어판
바른 불자가 됩시다
누구나 궁금한 33가지
108진참회문 - 한·영·중 3개국어판
달마의 일할도 허락지 않는다
마음대로 앉아 죽고 서서 죽고
화두 - 한·영·중 3개국어판
바로보인 간당론
완전한 우리말 불공예식법
바로보인 유마경
실증설 5개국어판 - 한·영·불·서·중
누구나 궁금한 33가지 3개국어판
- 한·영·중
달마의 일할도 허락지 않는다
3개국어판 - 한·영·중
화엄경 전 81권 중 35권
법성게 3개국어판 - 한·영·중
정법의 원류
바로보인 도가귀감
바로보인 유가귀감

출간예정 도서

화엄경 37권 ~ 81권
바로보인 능엄경 제6권
바로보인 원각경
바로보인 육조단경
바로보인 대전화상주 심경
바로보인 전등록 전 30권
바로보인 위앙록
해동전등록
말 밖의 말
언어의 향기

농선 대원 선사 선송집
진리와 과학의 만남
바로보인 5대 종교
금강경 야부송과 대원선사 토끼뿔
선재동자 참알 오십삼선지식
경봉선사 혜암선사 법을 들어 설하다
십현담 주해
불교대전
태고보우선사어록

법문 MP3를 주문판매합니다

부처님의 78대손이신 농선 대원 전법선사님의 법문 MP3가 나왔습니다. 책으로만 보아서는 고준하여 알기 어려웠던 선문의 이치들이 자세히 설하여져 있어서, 모든 궁금증을 시원하게 풀어줄 것입니다.

- 천부경 : 15,000원
- 신심명 : 30,000원
- 현종기 : 65,000원
- 기우목동가 : 75,000원
- 반야심경 : 1회당 5,000원 (총 32회)
- 선가귀감 : 1회당 5,000원 (총 80회)

- 금강경 : 40,000원
- 법성게 : 10,000원
- 법융선사 심명 : 100,000원

대원 선사님 작사 노래 CD 주문판매합니다

가슴으로 부르는
불심의 노래

1. 서 원 가 (3:36)
2. 반조 열불가 (4:00)
3. 소중한 삶 (2:30)
4. 석가모니불 (4:52)
5. 행복의 노래 (4:25)
6. 염원의 노래 (3:25)
7. 음성 공양 (3:51)
8. 발 심 가 (3:05)
9. 자비의 품 (4:10)
10. 부처님 은혜(첫 번째) (4:34)

11. 보살의 마음 (3:50)
12. 이 생에 해야 할 일 (3:08)
13. 구도의 목표 (3:18)
14. 답은 아서라 (3:42)
15. 부처님 은혜(두 번째) (4:34)
16. 성중성인 오실때 (3:10)
17. 내 문제는 내가 풀자 (2:38)
18. 즐거운 밤 (2:27)
19. 판 을 가 (2:48)

• 가격 : 2만원

가슴으로 부르는
불심의 노래 2

1. 부 처 님 (4:01)
2. 열반재일 (3:09)
3. 성도재일 (4:00)
4. 석굴암의 노래 (3:19)
5. 님의 모습 (3:15)
6. 믿고 따르세 (2:55)
7. 신명을 다하리 (4:17)
8. 부처님께 바치는 마음 (3:49)
9. 감사합니다 (3:10)
10. 교 화 가 (4:30)

11. 섬진강 소초 (3:08)
12. 귄 수 가[1] (3:02)
13. 귄 수 가[2] (3:02)
14. 우란분재일 (3:38)
15. 고맙습니다 (2:31)
16. 믿음으로 여는 세상 (3:05)
17. 출가재일 (2:44)
18. 염 원 (2:52)
19. 우리네 삶, 고운 수로 (2:35)
20. 숲속의 마음 (2:33)

• 가격 : 1만5천원

유튜브에서 채널 구독하시고
무료로 찬불가 앨범을 감상하세요

유튜브에서 MOONZEN을 검색하시거나
아래의 주소로 접속해주세요

http://www.youtube.com/user/officialMOONZEN

화엄경 36권은 무주상 보시에 의해
출간되었습니다. 이 무량공덕으로 구
경성불하시기를 기원합니다.